KB190858

박영선의 기도

일러두기
● 이 책은 《기도》(1986)의 전면 개정판입니다.
● 이 책에서는 개역개정판 성경을 인용하였습니다.
● 성경을 인용할 때, 절의 전체를 인용한 경우에는 큰따옴표(" ")로,
  절의 일부를 인용한 경우에는 작은따옴표(' ')로 표기하였습니다.
● 본문에 〈 〉로 표기된 것은 도서를, 〈 〉로 표기된 것은 도서 외 작품을 가리킵니다.

박영선의 기도

2016년 3월 21일 초판 1쇄 발행
2024년 5월 21일 초판 10쇄 발행

지은이 박영선
기획 강선
편집 문선형, 정유진
디자인 잔
경영지원 함초아
펴낸이 최태준
펴낸곳 무근검
주소 서울특별시 송파구 올림픽로 4길 17 A동 301호
홈페이지 lampbooks.com **전화** 02-420-3155 **팩스** 02-419-8997
등록 2014. 2. 21. 제2014-000020호
ISBN 979-11-952368-7-9 (03230)

무근검은 '하나님의 영광은 무겁고 오래된 칼과 같다'라는 뜻입니다.

박영선의 기도

항상 기도하고 낙심하지 말아야 할 것을 비유로 말씀하여

눅 18:1

서문 ,

기도는 하나님의 자녀라는 지위가 얼마나 위대한 것인지를 그분 앞에서 증언해 줍니다. 기도는 다만 어떤 결과를 요구하여 답을 얻어 내는 행위가 아닙니다. 하나님에게 설명하고 변명하고 매달리는 일입니다. 이것은 참으로 깊은 관계에서만 가능한 소통이요 대화입니다.

　또 기도는 특권입니다. 기도를 통해 우리는 나 하나의 개인적 관심과 필요를 넘어서서 창조 세계에 대한 하나님의 통치와 섭리에 동역자로 참여하기 때문입니다. 창조주 하나님의 피조물인 인간이 각자의 형편에서 내놓는 발언을 하나님은 당신의 다스리심에 반영하십니다. 그래서 기독교 신앙의 최고 경지는 순종인 것입니다. 순종할 때에 우리는 하나님의 참다운 동반자가 되기 때문입니다. 순종을 통해 인생은 하나님의 창조의 목적과 내용이 되며, 창조의 완성에 참여할 수 있게 되기 때문입니다.

그래서 쉬지 말고 기도하라, 항상 기도하고 낙심하지 말라는 말씀은 역사와 인생의 모든 경우와 정황 속에서 하나님의 성실한 통치를 믿고 거기에 동참하라는 격려입니다. 기도하는 사람은 '만물이 주에게서 나오고 주로 말미암고 주에게로 돌아감이라'(롬 11:36)라는 말씀을 기억하여 자신의 모든 삶을 하나님에게 바치는 사람이 됩니다. 기도로 우리는 하나님 앞에 이렇게 고백하는 것입니다. '그에게 영광이 세세에 있을지어다 아멘'(롬 11:36).

2016년 봄
박영선

차례 ,

01

기도의 첫걸음

———————— 14 이에 그들이 제자들에게 와서 보니 큰 무리가 그들을 둘러싸고 서기관들이 그들과 더불어 변론하고 있더라 15 온 무리가 곧 예수를 보고 매우 놀라며 달려와 문안하거늘 16 예수께서 물으시되 너희가 무엇을 그들과 변론하느냐 17 무리 중의 하나가 대답하되 선생님 말 못하게 귀신 들린 내 아들을 선생님께 데려왔나이다 18 귀신이 어디서든지 그를 잡으면 거꾸러져 거품을 흘리며 이를 갈며 그리고 파리해지는지라 내가 선생님의 제자들에게 내쫓아 달라 하였으나 그들이 능히 하지 못하더이다 19 대답하여 이르시되 믿음이 없는 세대여 내가 얼마나 너희와 함께 있으며 얼마나 너희에게 참으리오 그를 내게

로 데려오라 하시매 **20** 이에 데리고 오니 귀신이 예수를 보고 곧 그 아이로 심히 경련을 일으키게 하는지라 그가 땅에 엎드러져 구르며 거품을 흘리더라 **21** 예수께서 그 아버지에게 물으시되 언제부터 이렇게 되었느냐 하시니 이르되 어릴 때부터니이다 **22** 귀신이 그를 죽이려고 불과 물에 자주 던졌나이다 그러나 무엇을 하실 수 있거든 우리를 불쌍히 여기사 도와 주옵소서 **23** 예수께서 이르시되 할 수 있거든이 무슨 말이냐 믿는 자에게는 능히 하지 못할 일이 없느니라 하시니 **24** 곧 그 아이의 아버지가 소리를 질러 이르되 내가 믿나이다 나의 믿음 없는 것을 도와 주소서 하더라 **25** 예수께서 무리가 달려와 모이는 것을 보시고 그 더러운 귀신을 꾸짖어 이르시되 말 못하고 못 듣는 귀신아 내가 네게 명하노니 그 아이에게서 나오고 다시 들어가지 말라 하시매 **26** 귀신이 소리 지르며 아이로 심히 경련을 일으키게 하고 나가니 그 아이가 죽은 것 같이 되어 많은 사람이 말하기를 죽었다 하나 **27** 예수께서 그 손을 잡아 일으키시니 이에 일어서니라 **28** 집에 들어가시매 제자들이 조용히 묻자오되 우리는 어찌하여 능히 그 귀신을 쫓아내지 못하였나이까 **29** 이르시되 기도 외에 다른 것으로는 이런 종류가 나갈 수 없느니라 하시니라 (막 9:14-29)

신자의
요술램프?

　　　본문은 예수님이 제자 셋을 데리고 산에 올라가서 영광스러운 모습으로 변화되실 때에 산 아래에서 일어난 사건을 기록하고 있습니다. 예수님이 산에 올라가셨을 때 산 밑에 남아 있던 다른 제자들에게 어떤 사람이 귀신 들린 자기 아들을 데려와서 고쳐 달라고 합니다. 하지만 제자들이 고치지 못해 소동이 일어납니다. 나중에 예수님이 오셔서야 소동이 진정됩니다. 예수님이 귀신을 내쫓아 주신 것입니다. 이를 본 제자들이 왜 자기들은 귀신을 내쫓을 수 없었는지 묻자, 예수님은 '기도 외에 다른 것으로는 이런 종류가 나갈 수 없느니라'(막 9:29)라고 답하십니다.

　　이 구절만 읽고서 '아, 기도하면 다 되는구나. 기도해야지. 열심히 기도하면 무엇이든지 다 되겠구나' 하고 생각하면 곤란합니다. 본문은 기도에 대한 더 근본적인 가르침을 담고 있습니다.

　　성경은 '기도하면 무엇이든지 다 이루어진다'라는 식으로 기도에 대해서 가르치지 않습니다. 기도가 그런 것이라면 그것은 마치 자동판매기에 동전을 넣고 단추를 눌러 원하는 것을 취하는 일과 다르지 않을 것입니다. 하나님은 우리의 기도를 들어주셔야만 하는 기계 같은 존재가 되고 맙니다.

　　《아라비안 나이트》에 나오는 알라딘의 요술램프를 떠올려 봅시다. 램프를 문지르면 검은 연기와 함께 램프에서 마왕이 나와 "주인님, 부르셨습니까?"라고 인사합니다. 주인이 램프를 문지르기만 하면 마왕은 좋든 싫든 램프 밖으로 나와 주인의 요구를 들어주어야 합니다. 기도를 이런 식으로 생각하는 것은 참람한 일입니다. 우리가 기도만 하면 하나님은 식사하다가도 달려오셔야 하고, 우리가 "이걸 해 주십시오"라고 하면 하나님은 언제나 "알았다"라고 응답해 주셔야만 되는 것으로 여기는 경향이 우리에게 있습니다. 기도를 마치 자동판매기나 요술램프처럼 생각하는 것입니다.

도와 달라는 요청

기도에는 훨씬 더 깊은 의미가 들어 있습니다. 에스겔서 36장 말씀을 보겠습니다.

주 여호와의 말씀이니라 내가 이렇게 행함은 너희를 위함이 아닌 줄을 너희가 알리라 이스라엘 족속아 너희 행위로 말미암아 부끄러워하고 한탄할지어다 주 여호와께서 이같이 말씀하셨느니라 내가 너희를 모든 죄악에서 정결하게 하는 날에 성읍들에 사람이 거주하게 하며 황폐한 것이 건축되게 할 것인즉 전에는 지나가는 자의 눈에 황폐하게 보이던 그 황폐한 땅이 장차 경작이 될지라 사람이 이르기를 이 땅이 황폐하더니 이제는 에덴 동산 같이 되었고 황량하고 적막하고 무너진 성읍들에 성벽과 주민이 있다 하리니 너희 사방에 남은 이방 사람이 나 여호와가 무너진 곳을 건축하며 황폐한 자리에 심은 줄을 알리라 나 여호와가 말하였으니 이루리라 (겔 36:32-36)

하나님이 이스라엘 백성을 향하여 복을 선언하고 있는 말씀입니다. "내가 너희를 황폐하게 하였다. 너희로 바벨론의 포로가 되게 하였으며 모든 성벽과 성전을 헐어 버렸다. 그러나 이제 내가 이것들을 다시 세울 것이다. 이 돌무더기 같은 황무한 곳에 포도나무와 무화과나무를 심어 열매가 열리게 할 것이다." 그런데 이 말씀 뒤에 이렇게 덧붙이십니다. '주 여호와께서 이같이 말씀하셨느니라 그래도 이스라엘 족속이 이같이 자기들에게 이루어 주기를 내게 구하여야 할지라'(겔 36:37).

사실 이 당시 이스라엘 백성은 복을 받을 만한 처지에 있지 않습니다. 오히려 수치와 부끄러움을 당해야 마땅합니다. 이스라엘 백성은 하나님이 주신 복된 땅에서 그분을 온전히 섬기지 않았습니다. 그들은 왕국이 유지되는 내내 하나님을 거역하였고 우상들을 섬겼습니다. 그래서 하나님은 이스라엘을 바벨론의 포로가 되게 하셨고, 그들이 살던 땅을 황폐하게 만드셨습니다. 그런데도 그들은 여전히 회개하지 않고 있습니다. 이스라엘은 수치를 당해야 마땅합니다.

그런 그들에게 하나님이 선언하시는 것입니다. "내가 이 성을 다시 쌓을 것이다. 너희에게 다시 복을 줄 것이다. 너희가 복을 받을 만해서 주는 것이 아니다. 내가 너희에게 은혜를 베푸는 것이다. 그러니 이 복이 너희에게서 실현되거든 그것이 내가 한 일임을 알아라. 너희가 시작하지 않은 일이 너희 중에 이루어진 것을 보거든 그 일을 행한 이는 나밖에 없음을 깨달아라."

이어서 나오는 말씀이 37절입니다. "나의 의지가 이러할지라도 너희가 나에게 이렇게 해 달라고 구해야만 한다." 하나님의 이 요구는 이스라엘의 상태와 상관없이 당신의 의지로 반드시 복을 주고야 말겠다고 선언하신 앞 내용과는 어울리지 않아 보입니다. 그러나 여기서 우리는 기도가 무엇인지를 배우게 됩니다.

기도는 근본적으로 "하나님, 도와주십시오"라고 아뢰는 것입니다. 이것이 기도입니다. 기도란 도와 달라고 하나님 앞에 나아가는 것이지, 자기 신앙을 증명하려고 하나님에게 나아가는 것이 아닙니다.

만화가 고우영의 《일지매一枝梅》라는 작품을 보면 '걸치'라는 거지가 나옵니다. 거지는 남의 문간에서 밥을 얻어먹는 사람입니다. 거지에게 절대 있어서는 안 될 것이 있는데, 바로 자존심입니다. 자존심이 있는 한, 거지 노릇은 할 수 없습니다. 기도가 이와 같습니다. 기도는 자존심을 내려놓은 다음에야 가능합니다.

하나님의 일하심을
확인하는 자리

그런데 오히려 기도가 우리의 자존심을 세우는 수단으로 사용될 때가 더러 있습니다. 이 때문에 신자들이 기도를 얼마나 많이 잘못 사용하고 있는지 모릅니다. 흔히 "기도했더니 문제가 해결되었다"라고 말합니다. 마치 기도한 것이 큰 자랑이나 되는 것처럼 말입니다. 그러나 이것은 잘못된 생각입니다. 자랑이 아닌 것을 자랑으로 삼고 있는 것입니다.

《일지매一枝梅》의 '걸치'는 '월희'라는 일지매의 연인을 딸처럼 데리고 다니며 밥을 얻어다 먹입니다. 늘 얻어 온 밥을 먹던 월희가 어느 날 이런 말을 합니다. "참 때깔도 곱다. 붉은 밥, 검은 밥, 흰 밥, 가지각색이네요." 그러자 걸치가 "그것 봐라. 나를 만난 덕분에 어느 집 양반도 못 먹는 무지갯빛 밥을 먹지 않느냐"라고 우쭐댑니다.

'걸치'는 지금 으스댈 만한 것을 으스대는 것일까요? 헛웃음이 나올 뿐입니다. 그런데 우리가 바로 그렇게 하고 있습니다. 마치 거지가 자기 아들에게 "도대체 우리가 걱정할 게 무엇이냐. 재산세가 나오냐, 주민세가 나오냐"라고 자랑하는 것과 같습니다.

우리도 기도하면서 그런 식으로 으스댑니다. "나는 진심으로 기도했더니 이런 기적이 일어났다. 그런데 당신은 왜 기도하지 않느냐?"라고 말입니다. 하나님에게서 얻어 온 것인데도, 그것으로 남들 앞에서 뽐내는 것입니다. 기도란 그런 식으로 자랑거리가 될 수 없습니다.

왜 하나님은 이스라엘 백성에게 복을 선언하시고서 '그래도 너희가 나에게 구하여야 이를 주겠다'라고 말씀하셨을까요. 그것은 앞에 선언된 이스라엘의 회복이 하나님만이 이루실 수 있는 일임을 명확하게 보여 주는 행위가 기도이기 때문입니다. 이것을 꼭 기억해야 합니다. 기도는 기도하는 이더러 생색내라고 주신 표가 아닙니다. 내 힘으로는 할 수 없는 일이 주님으로 말미암아 이루어진다는 것을 고백하는 행위입니다.

우리는 세상의 힘으로 사는 사람들이 아닙니다. 더 나아가 세상의 힘으로는 이길 수 없는 일을 신앙으로 이겨 내는 사람들입니다. 하나님이 우리에게 세상을 이길 수 있는 힘을 주셨기 때문입니다. 그 힘은 바로 하나님에게서만 나옵니다. 그래서 우리는 인생에서 어려움에 직면할 때마다 "하나님, 도와주십시오"라고 기도할 수 있습니다. 우리는 지금까지 인생을 살면서 세상을 어떻게 헤쳐 나아가며 살아왔는지, 하나님이 나를 어떻게 업어 오셨고 어떻게 안아 오셨고 어떻게 간섭해 오셨는지에 대한 고백을 기도를 통해 가장 잘 표현할 수 있습니다.

예수 믿지 않는 사람들은 자기들에게 좋은 일이 생기면 어떻게 이런 일이 일어났는지 원인을 알지 못합니다. 아무리 생각해도 원인을 찾지 못하니까 선조들이 묻힌 묏자리까지 들고 나옵니다. "역시 묏자리를 좋은 곳에 썼더니 후손들에게 좋은 일이 생기는구나"라고 좋아합니다. 오죽 생각나는 게 없으면 선조들이 묻힌

뒷자리를 들고나오겠습니까. 이것이 가당하기나 합니까.

하나님이 신자들에게 기도하라고 말씀하시고 또 우리의 기도에 기꺼이 응답하시는 이유가 바로 여기 있습니다. 기도 없이는, 우리에게 일어난 일이 하나님이 해 주신 것인지, 가브리엘이 해 준 것인지, 뒷자리가 좋아서 생긴 일인지 구별할 수 없기 때문입니다. 그래서 하나님은 우리를 위한 당신의 일하심을 확실히 보여 주시려고 우리에게 기도를 요구하시는 것입니다.

우리로 기도하게 한 다음에 하나님이 응답해 주심으로써 '아, 하나님이 해 주셨구나'라는 고백을 이끌어 내시는 것입니다. 이런 과정을 통해 우리는 우리가 세상의 힘이나 자신의 힘을 의지해서는 살 수 없는 존재라는 사실을 깨닫게 됩니다. 늘 그분에게 매달려야만 하는 인생길로 부름 받은 자인 줄 알게 되는 것입니다. 우리가 살면서 가장 많이 쌓아야 하는 신앙의 내용은 순간마다 하나님을 의지하는 것입니다. 하나님을 의지하는 표가 이처럼 기도로 나타납니다.

기도 외에
다른 것으로는

이제 우리는 '기도 외에 다른 것으로는 이런 종류가 나갈 수 없느니라'(막 9:29)라는 본문 말씀을 이해할 수 있습니다. 이 말씀은 '기도하지 않으면 아무 일도 일어나지 않는다'라는 뜻이 아닙니다. '그런 일은 하나님만이 하실 수 있다'라는 의미입니다. '기도하면 문제가 해결된다'라는 것이 기도의 핵심이 아닙니다. '하나님 외에는 아무도 그 일을 할 수 없다'라는 고백이 바로 기도인 것입니다. 내 힘으로는 할 수 없어 도움을 구하러 나가는 것이 기도입니다.

그런데 제자들은 왜 기도하지 않았을까요? 왜 기도해야 하는지 그 이유를 몰랐기 때문일 것입니다. 제자들은 자기들의 스승인 예수님이 많은 기적을 일으키는 것을 보아 왔습니다. 또 예수님은 전도를 위해 제자들을 파송하실 때 귀신을 쫓아내고 병을 고치는 은사를 그들에게 주시기도 했습니다. 그래서 파송된 제자들이 돌아와 "주여, 주의 이름으로 명했더니 귀신도 도망갑니다"라고 기뻐 외쳤던 것입니다. 이들은 자기네가 이제 예수님의 제자가 되었으니 예수님의 능력도 자기들에게 이양되었다고 생각하였습니다. 하나님의 능력의 일부가 자기들에게 주어졌다고 여기게 된 것입니다. 그래서 기도하지 않았습니다. 그러나 성경은 하나님의 능력이 이런 식으로 이양되었다고 말씀한 적이 없습니다.

하나님은 아브라함에게 나타나셔서 이렇게 말씀하셨습니다. '나는 네 방패요 너의 지극히 큰 상급이니라'(창 15:1). 하나님이 우리의 상급이고 우리의 방패이십니다. 하나님이 우리의 능력이십니다. 우리에게 하나님은 단지 능력을 전수해 주는 전달자 정도에 그치는 분이 아닙니다. 그러니 기도를 하나님의 능력을 얻어 내는 수단으로만 생각하면 곤란합니다.

기도는 수단이나 방법이 아닙니다. "하나님, 이 일은 하나님이 해 주셔야만 되겠습니다. 이 일은 하나님이 간섭하시고 개입해 주셔야만 해결됩니다. 그러니 도와주십시오"라는 우리의 고백입니다. 기도는 우리가 휘두를 수 있는 무기가 아닙니다. 하나님 앞에 가서 꿇어 엎드리는 호소입니다. "하나님, 큰일 났습니다. 빨리 도와주십시오. 이 일을 결재해 주십시오." 이것이 기도입니다.

이제 우리의 기도가 얼마나 달라져야 하는지 이해하겠습니까? 부끄러워서 기도할 수 없다는 것은 말이 안 되는 소리입니다. 그런데도 여전히 기도는 잘난 사람만이 다룰 수 있는 무기라고 여긴다면 참으로 부끄러운 일입니다.

기도는 "하나님, 도와주십시오"에서 출발하는 것입니다. 많이 기도한 사람일수록 자랑할 게 없는 것이 바로 기도입니다. 깊이 기도한 사람일수록 하나님의 살아 계심과 그분이 내 안에 계심과 그분만이 언제나 내 필요를 채우시는 분인 줄 감격 속에 깨닫게 됩니다. 이것이 기도하는 사람의 인생인 것입니다. 기도의 진정한 의미를 이해하였다면 이제 이런 고백으로 기도 생활을 시작해야 할 것입니다. '기도 외에 다른 것으로는 이런 종류가 나갈 수 없느니라'(막 9:29).

질문

1. 기도를 자동판매기나 요술램프처럼 생각하는 것은 어떤 것인지 설명해 봅시다.

2. 자존심을 내려놓은 다음에야 기도가 가능한 이유는 무엇입니까?

3. '기도 외에 다른 것으로는 이런 종류가 나갈 수 없느니라' (막 9:29)라는 말씀을 설명해 봅시다.

적용

최근에 했던 기도를 떠올려 보고, 이 장에서 가르치는 기도와 어떻게 다른지 나누어 봅시다.

02

귀 기울이시는 하나님

1 예수께서 그들에게 항상 기도하고 낙심하지 말아야 할 것을 비유로 말씀하여 2 이르시되 어떤 도시에 하나님을 두려워하지 않고 사람을 무시하는 한 재판장이 있는데 3 그 도시에 한 과부가 있어 자주 그에게 가서 내 원수에 대한 나의 원한을 풀어 주소서 하되 4 그가 얼마 동안 듣지 아니하다가 후에 속으로 생각하되 내가 하나님을 두려워하지 않고 사람을 무시하나 5 이 과부가 나를 번거롭게 하니 내가 그 원한을 풀어 주리라 그렇지 않으면 늘 와서 나를 괴롭게 하리라 하였느니라 6 주께서 또 이르시되 불의한 재판장이 말한 것을 들으라 7 하물며 하나님께서 그 밤낮 부르짖는 택하신 자들의 원한을 풀어 주지 아니하시겠느냐

그들에게 오래 참으시겠느냐 8 내가 너희에게 이르노니 속히 그 원한을 풀어 주시리라 그러나 인자가 올 때에 세상에서 믿음을 보겠느냐 하시니라 (눅 18:1-8)

불의한 재판장과
과부의 비유

'지성이면 감천'이라는 말이 있습니다. 한국 교회 신자들은 기도에 대해서도 치성을 드리는 방법 정도로 오해하는 경향이 종종 있습니다. 기도에 열심을 내야 하는 것은 맞지만, '열심'이 기도의 본질일 수는 없습니다. 흔히 우리는 누가복음 18장의 본문을 '끈질기게만 기도하면 응답된다' 하는 식으로 읽습니다. 그러나 기도는 '오래 매달리기 시합'이 아닙니다.

본문을 살펴봅시다. 본문에는 불의한 재판장과 과부가 등장하는데, 성경에서 과부는 고아와 더불어 가장 약한 자를 대표합니다. 남편도 없고 자식을 더 낳을 수도 없는 사람입니다. 특히나 남자가 주도권을 갖고서 힘을 행사하는 가부장제 사회에서 과부는 가장 나약한 자의 지위에 머물 수밖에 없습니다. 본문을 보면, 어떤 과부가 억울한 일을 당해서 재판장에게 자기 원한을 풀어 달라고 간청하지만 재판장은 들어주지 않습니다. 하나님도 사람도 안중에 두지 않는 불의한 사람이니 업신여겨도 좋을 과부의 청원은 당연히 무시했을 것입니다. 그런데도 과부가 자주 찾아가서 재판장을 귀찮게 하자 재판장은 과부의 원한을 풀어 주어야겠다고 생각합니다. 너무 번거롭고 귀찮아서 들어주기로 한 것입니다.

우리는 이 비유를 이런 식으로 이해하곤 합니다. 그것 봐라! 과부가 재판장에게 했던 것처럼 우리도 기도할 때 하나님이 귀찮아서라도 들어주실 때까지 매달려야 한다, 하나님이 귀찮아하실 정도로 우리가 열심을 내어 매달리면 하나님은 결국 들어주실 수밖에 없을 것이다, 라고 말입니다. 그런데 이는 참으로 이상한 생각이 아닐 수 없습니다.

성경은 하나님에 대하여, 또 기도에 대하여 그런 식으로 가르치지 않습니다. 본문도 마찬가지입니다. 1절은 이렇게 시작됩니다. "예수께서 그들에게 항상 기도하고 낙심하지 말아야 할 것을 비유로 말씀하여." 예수님이 이 비유를 드신 것은 기도할 때 낙심하지 말아야 한다는 것을 가르치기 위해서였다고 언급하고 있습니다. 그러니까 이 비유는 '기도의 열심'을 강조하기 위한 것이 아닙니다. 곧 어떻게 해야 하나님이 기도를 들어주시는가 하는 문제와 관련된 비유가 아니라, 들어주시지 않는 문제에 관한 비유라는 것입니다.

본문은 어떻게 기도하면 응답을 받느냐가 아니라 응답받는 것이 마땅한데도 응답받지 못하는 일에 대하여 혼동하거나 오해하지 않도록 주신 비유입니다. 이 둘은 전혀 다른 이야기입니다. '얼마큼 기도해야 응답을 받는가' 하는 이야기가 아니라 '얼마큼 기도해도 응답이 없을 수 있는가' 하는 문제를 다루는 비유인 것입니다. 그러니 이 비유를 읽고 하나님이 귀찮아하실 정도로 간절히 기도하면 반드시 응답받을 것이라고 생각한다면 오히려 본문의 의도와 정반대로 나아가게 됩니다.

정당한 간구

이것이 '항상 기도하고 낙심하지 말아야 할 것'에 대한 비유라는 점을 염두에 두고 본문을 차근차근 생각해 봅시다. 기도하면서 낙심하지 말아야 하는 이유가 무엇일까요. 항상 기도하는데도 불구하고 기도 응답이 우리의 기대만큼 이루어지지 않는 일이 신앙 현실에서는 자주 있기 때문입니다. 이 점을 비유로 어떻게 설명하고 있는지 살펴봅시다.

어떤 도시에 하나님을 두려워하지 않고 사람을 무시하는 재판장이 있었습니다. 여기서 재판장은 오늘날 판사와 같은 직위가 아닙니다. 옛날 우리나라의 지방 수령, 곧 사또와 비슷합니다. 요즘 말하는 입법, 사법, 행정의 삼권을 다 쥐고 있는 사람입니다.

어느 날 한 과부가 이 재판장에게 찾아와 원수에 대한 원한을 풀어 달라고 합니다. 그러나 재판장은 과부의 청원을 들으려고도 하지 않습니다. 그러다 과부가 자주 찾아가서 번거롭게 하자 결국 청원을 들어주어야겠다고 생각합니다. 5절에 재판장의 속마음이 드러나 있습니다. '이 과부가 나를 번거롭게 하니 내가 그 원한을 풀어 주리라 그렇지 않으면 늘 와서 나를 괴롭게 하리라.' 재판장은 귀찮은 나머지 할 수 없이 과부의 원한을 풀어 주어야겠다고 마음먹은 것입니다.

이 재판장이 어떤 사람인지에 대해서는 2절에 잘 나와 있습니다. '어떤 도시에 하나님을 두려워하지 않고 사람을 무시하는 한 재판장이 있는데.' 이 재판장은 방자하고 교만한 사람이지만 과부가 워낙 번거롭게 하니까 청원을 들어주어야겠다고 생각하게 되었습니다. 이 말을 이해하기 위해서는 5절에 나온 '번거롭게 하니'라는 말이 무슨 뜻인지 생각해 보아야 합니다. 우선, 6절 이하를 봅시다.

주께서 또 이르시되 불의한 재판장이 말한 것을 들으라 하물며 하나님께서 그 밤낮 부르짖는 택하신 자들의 원한을 풀어 주지 아니하시겠느냐 그들에게 오래 참으시겠느냐 (눅 18:6-7)

예수님은 이 비유를 사용하여 하나님에 대해 설명하고 계십니다. 이 설명에는 대응 관계가 들어 있습니다. 재판장과 하나님이, 과부와 하나님이 택하신 자들이 대응되어 있습니다. 불의한 재판장과 공의로운 재판장이신 하나님이, 그리고 괄시당하는 과부와 독생자도 아낌없이 줄 만큼 하나님이 사랑하시는 자녀들이 비교되어 있는 것입니다.

여기에는 공통점이 있는데, 그것은 원한을 풀어 달라는 두 요구가 모두 정당하다는 점입니다. 과부가 재판장에게 "내 원한을 풀어 주십시오"라고 하는 것도 정당한 요구이고, 우리가 아버지 하나님에게 "도와주십시오"라고 하는 것도 정당한 요구라는 것입니다. 이 공통점이 없으면 두 경우는 서로 무관한 이야기가 되어 둘 사이의 대조도 성립하지 않습니다.

비유에서 재판장은 하나님도 사람도 두려워하지 않는 불의한 사람으로 묘사되어 있습니다. 그는 불의한 재판장이지만 그 도시에서 맡은 판관으로서의 역할이 있으므로 누가 원한을 풀어 달라고 요청하면 그 일을 처리해 주어야 합니다. 더구나 탄원의 내용이 정당하다면 더 말할 나위 없습니다. 재판장이 결국 과부의 원한을 해결해 준 것을 보면, 과부의 탄원이 정당한 것이었음을 짐작해 볼 수 있습니다.

이것은 하나님이 듣고 계시는 우리의 탄원의 경우에도 마찬가지입니다. 하나님은 불의한 재판장이 아니시니 그분이 들어주시는 탄원은 더더욱 정당한 요구일 것입니다. 하나님이 풀어 주시길 바라는 우리의 탄원은 정당한 간구입니다. 그러니 예수님은 이 비유를 들어 정당한 기도에 대한 응답을 말씀하고 있는 것입니다.

여기서 불의한 재판장이 느꼈던 번거로움이 어떤 것인지 생각해 봅시다. 그것은 과부가 자주 찾아와서 생기는 귀찮은 마음 정도가 아닐 것입니다. 이 재판장은 과부가 단지 자주 찾아왔다고 해서 번거로워할 사람이 아닙니다. 자꾸 오는 것이 귀찮아 과부의 요구를 들어주어야겠다고 생각하는 사람이라면, '하나님을 두려워하지 않고 사람을 무시하'는 불의한 사람이 아닐 테니 말입니다. 그런 사람은 누가 자주 찾아와서 호소한다고 해도 눈 하나 깜짝하지 않을 것입니다. 이만한 일에 마음이 움직이는 사람이라면 뭐 그리 불의한 사람이겠습니까. 예를 들어, 어떤 강도가 남의 집에 들어가서 강도질을 하려는데, 집에 있던 바보가 강도를 보더니 실실 웃는다고 해 봅시다. 바보가 해맑게 웃는 모습이 양심에 찔려 강도질을 그만두었다면 그는 악당이 아닙니다. 바보가 웃고 있는데도 그를 제압하고 강도질을 해야 악당입니다. 이 재판장은 바로 그런 고약한 사람입니다.

본문은 이 점을 분명히 하려고 재판장에 대해서 묘사하기를 '하나님을 두려워하지 않고 사람을 무시하는'(눅 18:2) 사람이라고 미리 못을 박고 있습니다. 사람들의 평판 따위는 아랑곳하지 않을 만큼 뻔뻔한 사람인 것입니다.

그런 사람이 번거로움을 느꼈다면, 그것은 단순히 과부가 자주 찾아오는 것 때문만이 아니라 과부의 요구가 정당하기 때문일 것입니다. 과부의 요구가 정당하지 않은 것이라면 그가 아무리 자주 찾아왔다 한들 번거로울 이유가 없을 것입니다.

이런 점을 염두에 두어야 7절 말씀을 이해할 수 있습니다. '하물며 하나님께서 그 밤낮 부르짖는 택하신 자들의 원한을 풀어 주지 아니하시겠느냐.' 여기서 중요한 문구는 '밤낮 부르짖는'다는 점이 아니라, '부르짖는 택하신 자들의 원한'입니다. 여기서 원한은 정당히 요구할 수 있는 원한을 말합니다. 까닭 없이 남을 저주하고 비방하여 어떻게 해 달라는 종류의 원한이 아닙니다. 정당한 원통함인 것입니다.

예수님은 이 점에서 불의한 재판장과 공의로우신 하나님을 대조하십니다. '하나님을 두려워하지 않고 사람을 무시하는 불의한 재판장의 입장에서도 정당한 요구로 청원해 오면 그냥 무시해 버릴 수만은 없을 것인데, 하물며 공의로우신 하나님은 어떠하시겠느냐' 하는 말씀인 것입니다.

더군다나 불의한 재판장이 상대하는 대상은 업신여겨도 좋을 힘없는 과부인데 반해, 하나님이 상대하시는 대상은 당신이 택하신 사랑하는 자녀입니다. 악한 재판장도 들어줄 수밖에 없는 탄원이라면, 자비하신 하나님의 경우는 더 말할 나위 없습니다.

여기 두 개의 대조가 등장합니다. 하나는 불의한 재판장과 공의로우신 하나님의 대조입니다. 또 하나의 대조는 외면해 버려도 상관없을 가장 나약한 사람의 권리와 하나님이 눈동자와 같이 사랑하셔서 불면 날아갈까, 쥐면 부서질까 지켜보시는 자녀의 요구입니다. 이 비유를 곰곰이 생각해 보면, "하나님, 제 손에 박힌 가시가 정말 아픕니다"라는 말이 채 끝나기도 전에 가시가 뽑힐 수 있겠구나, 하는 생각이 들 것입니다.

낙심하지 않는
기도

그런데 흥미로운 점은 이 비유가 하나님이 기도

를 들어주신다는 점을 가르치려고 하신 말씀이 아니라는 데에 있습니다. 1절은 이렇게 시작됩니다. "예수께서 그들에게 항상 기도하고 낙심하지 말아야 할 것을 비유로 말씀하여." 이것이 무슨 말일까요? 항상 기도해도 낙심하게 되는 상황이 있을 것이라는 말씀입니다. 그러나 설령 기도의 응답이 없을지라도 하나님에게 능력이 없거나 하나님이 우리를 사랑하지 않거나 우리에게 관심이 없어서가 아니니 절망하지 말라는 말씀입니다. 신자의 기도 생활에서 이는 참으로 중요한 가르침입니다.

우리가 기도를 시작하기도 전에 하나님은 모든 것을 알고 계십니다. 그분은 우리의 절실함만큼이나 간절하게 우리의 기도를 듣고 계십니다. 그러니 본문이 하는 이야기는, 하나님은 자녀들의 처지를 가장 잘 아시고 그들을 지극히 사랑하시지만 그들의 소원을 들어주시지 않을 수도 있다는 것입니다. 사랑하는데도 안 들어주실 수 있습니다.

들어주시지 않는 이유는 본문에 나와 있지 않습니다. 그 이유는 각각 다를 것입니다. 하나님이 왜 그렇게 하시는지 우리는 모릅니다. 모세가 가나안 땅에 들어가지 못한 이유를, 바울이 육체의 가시를 지닌 채 살아야 했던 이유를 우리는 알지 못합니다. 고난을 통하여 하나님의 능력이 약한 데서 온전하게 되는 일을 이루시기 위해 기도에 응답하시지 않는 것일 수 있습니다. 또한 요셉이나 욥의 경우와 같이 정금처럼 단련하시려고 고난에 처하게 하실 수 있습니다. 하나님은 우리를 정결하게 하려고 우리가 원하지 않는 상황에 계속 처하게 하실 수도 있습니다. 어쩌면 우리가 행한 잘못이 무엇인지 우리로 확인하게 하려고 그리하시는지도 모릅니다. 아무튼 각각의 경우가 다르기에 간구가 이루어지지 않는 이유를 한 가지로 특정할 수 없으며, 응답하시지 않는 이유를 정확히 알 수는 없습니다.

그러나 그 어떤 경우에도 자녀들을 향한 하나님의 마음과 의지가 약화되지 않는다는 점만은 분명합니다. 신자들을 향한 하나님의 안타까움과 의지가 없어지거나 약화되어 하나님의 자녀가 외면받는 일은 없다고 성경은 선언합니다. 그래서 성경은 우리에게 낙심하지 말라고 하는 것입니다. 요한계시록에도 이와 비슷한 말씀이 나와 있습니다.

다섯째 인을 떼실 때에 내가 보니 하나님의 말씀과 그들이 가진 증거로 말미암아 죽임을 당한 영혼들이 제단 아래에 있어 큰 소리로 불러 이르되 거룩하고 참되신 대주재여 땅에 거하는 자들을 심판하여 우리 피를 갚아 주지 아니하시기를 어느 때까지 하시려 하나이까 하니 (계 6:9-10)

아직 응답받지 못한 기도가 있다고 요한계시록은 말합니다. 성경이 말하는 가장 큰 응답이, 하나님의 공의가 온 천하 만민 앞에 햇빛같이 드러나는 마지막 심판 때까지 보류되어 있는 것입니다.

우리가 세상을 살면서 기도의 응답이 가장 이루어지지 않는 경우로, 하나님의 자녀로서 응당 받아야 할 복과 칭찬과 영광이 나타나지 않는다는 점을 들 수 있을 것입니다. 예를 들면 올바르게 살고자 하는데 세상에서 정당한 대가를 받지 못하고, 몹시 고생하고, 가난하게 살고, 괄시를 받고, 몸이 아프거나 여러 환난을 당하는 것과 같은 일입니다. 하나님의 사람으로 살아가는데도 합당한 대가가 주어지지 않는 것, 이것이야말로 우리가 응답받지 못하는 대표적 기도일 것입니다.

그런데 이 기도는 요한계시록 6장에 나온 말씀같이 예수 그리스도께서 재림하여 온 천하 만민을 심판하시는 날, 죄지은 자들을 불못에 던지시며 하나님의 자녀를 하늘나라에 데려가셔서 의와 거룩과 영광과 존귀로 영접하실 그날까지 응답되지 않을 것입니다.

누가복음 본문은 이런 사실을 앞에 두고 살아가는 신자들에게 주신 말씀입니다. 신자로서 사는 삶에 대해 응답이 없을지라도 하나님이 나를 외면하시는 것이 아닌가, 하는 시험에 빠지지 않도록 이 비유가 소개된 것입니다.

예수님은 이렇게 말씀하십니다. 항상 기도하고 낙망하지 말라, 불의한 재판장이 과부의 요구를 귀찮아서라도 들어준 것을 기억하라, 하물며 하늘에 계신 너희 아버지는 어떠하겠느냐, 불의한 재판장이 과부의 기도를 번거로워서라도 들어주는 일이 세상에서도 있는 일이라면, 그와는 비교할 수 없이 공의로우신 하나님이 사랑하는 자녀의 기도를 어떻게 외면하시겠느냐, 만일 하나님이 즉시 들어주시지 않았다면 거기에는 다른 뜻이 있는 것이다, 하나님이 너를 싫어하거나 하나님의 능력이 부족해서가 아니다, 너희가 생각하는 말도 안 되는 이유로 인하여 너희의 간구가 응답되지 않는 일이 있겠느냐, 너희는 하나님이 사랑하시는 자녀이다, 그러니 이 일로 인하여 시험에 들지 마라, 넘어지지 마라, 낙심하지 마라, 하는 것이 신자가 기도에 대해서 알아야 할 중요한 내용입니다.

믿음을
보겠느냐

본문의 결론을 다시 읽어 봅시다.

하물며 하나님께서 그 밤낮 부르짖는 택하신 자들의 원한을 풀어 주지 아니하시겠느냐 그들에게 오래 참으시겠느냐 내가 너희에게 이르노니 속히 그 원한을 풀어 주시리라 그러나 인자가 올 때에 세상에서 믿음을 보겠느냐 하시니라 (눅 18:7-8)

'인자가 올 때에 세상에서 믿음을 보겠느냐'(눅 18:8)라는 이 구절이 성경 전체에서 제일 무서운 구절이라고 저는 생각합니다. '인자가 올 때에 세상에서 믿음을 보겠느냐'라는 이 말씀을 묵상하면서 지금 나는 하나님의 참된 약속만 바라보며 담대하게 신앙생활을 하고 있는가, 아니면 내게 떨어질 콩고물 때문에 이 길을 가고 있는 것인가, 진지하게 자문해 보아야 합니다.

'끈질기게 기도만 하면 어떠한 제목의 간구도 이루어진다' 하는 신념은 참다운 신앙이 아닙니다. 기도는 응답되기 때문에 하는 것이 아닙니다. 기도는 하나님이 온 천하 만민의 인생과 온 우주의 경륜을 쥐고 계신 주권자임을 마음에서 기꺼이 항복하는 신앙을 표현하는 것입니다. 이것이 하나님의 백성이 가져야 하는 마땅한 자세입니다. 기도의 이런 깊은 경지를 누리지 못하고 간구 사항만 늘어놓는 사람은 불행합니다.

우리는 '열심히 기도하면 하나님이 응답해 주실 것이다'라는 자신감으로 기도할 수는 있습니다. 그러나 이런 자신감에서 한 걸음 더 깊이 들어가야 합니다.

"하나님, 오늘도 내게 가시가 있고 어려움이 있습니다. 하나님은 그런 것을 없애 달라는 저의 기도에 응답해 주시지 않았습니다. 그래도 좋습니다. 하나님이 온 우주 만물의 주인이십니다. 제가 하나님의 깊은 뜻과 지혜를 다 알지는 못하지만 저는 항복합니다. 그것으로 저는 좋습니다. 하나님은 대장이요, 저는 졸병입니다. 오늘도 아프지만 하나님이 대장이어서 저는 말할 수 없이 좋습니다. 오늘 어느 것이 가능하고 어느 것이 보류될지 잘 몰라도 하나님은 제 모든 기도를 귀 기울여 들으시며 마침내 넘치도록 응답하실 아버지이시기에 오늘도 기도하러 옵니다."

이런 자세로 기도해야 합니다. 이런 태도로 하나님을 대접해 보십시오. '인자가 세상에 다시 올 때에 이 세상에서 믿음을 보겠느냐'라는 말씀을 기억하시고 우리의 신앙생활을 정말 신자답게, 기도를 기도답게, 하나님을 하나님으로 대접해 드리는 믿음 생활을 하기 바랍니다.

때로는 우리의 기도가 응답받지 못할 수 있습니다. 내 욕심대로 구하기 때문이기도 하고, 아직 주님의 때가 이르지 않았기 때문일 수도 있습니다. 그러나 그런 것으로 방해될 수 없는 신앙의 자리까지 우리가 약속받았다는 사실을 놓치지 말기 바랍니다.

질문

1. '불의한 재판장과 과부의 비유'는 무엇을 가르치기 위해 말씀하신 것입니까?

2. 재판장이 결국 과부의 원한을 해결해 준 이유는 무엇입니까?

3. 기도할 때 우리는 어떤 태도로 하나님을 대접해야 합니까?

적용

하나님이 응답하시지 않아 낙심되었던 경우가 있었다면 나누어 봅시다. 어떤 것 때문에 가장 힘들었는지 이야기해 봅시다.

강청하는 기도

———————— 5 또 이르시되 너희 중에 누가 벗이 있는데 밤중에 그에게 가서 말하기를 벗이여 떡 세 덩이를 내게 꾸어 달라 6 내 벗이 여행중에 내게 왔으나 내가 먹일 것이 없노라 하면 7 그가 안에서 대답하여 이르되 나를 괴롭게 하지 말라 문이 이미 닫혔고 아이들이 나와 함께 침실에 누웠으니 일어나 네게 줄 수가 없노라 하겠느냐 8 내가 너희에게 말하노니 비록 벗 됨으로 인하여서는 일어나서 주지 아니할지라도 그 간청함을 인하여 일어나 그 요구대로 주리라 9 내가 또 너희에게 이르노니 구하라 그러면 너희에게 주실 것이요 찾으라 그러면 찾아낼 것이요 문을 두드리라 그러면 너희에게 열릴 것이니 10 구하는 이마다 받을 것이요

찾는 이는 찾아낼 것이요 두드리는 이에게는 열릴 것이니라 11 너희 중에 아버지 된 자로서 누가 아들이 생선을 달라 하는데 생선 대신에 뱀을 주며 12 알을 달라 하는데 전갈을 주겠느냐 13 너희가 악할지라도 좋은 것을 자식에게 줄 줄 알거든 하물며 너희 하늘 아버지께서 구하는 자에게 성령을 주시지 않겠느냐 하시니라

(눅 11:5-13)

기도를
들어주시는 이

기도를 성의誠意의 문제로 생각하는 이들이 종종 있습니다. 얼마나 열심히 했느냐, 얼마나 매달렸느냐에 따라 결과가 달라진다고 생각합니다. 본문 8절의 "내가 너희에게 말하노니 비록 벗 됨으로 인하여서는 일어나서 주지 아니할지라도 그 간청함을 인하여 일어나 그 요구대로 주리라"라는 말씀도 그런 식으로 이해합니다. 자꾸만 와서 달라고 조르는 바람에 얻었다고 이해하는 것입니다. 기도의 원리를 '귀찮을 만큼 조르면 응답된다'라는 점에서 찾고 있는 것입니다. 그러나 이런 생각은 성경이 말하는 기도의 원리와 매우 다릅니다.

'귀찮을 만큼 조르면 응답된다'라는 말의 바탕에는 '열심을 부리면 누구든지 감동하는 법이다'라는 무속 신앙이 깔려 있습니다. 무속 신앙의 특징은 그 대상이 특정되어 있지 않다는 점에 있

습니다. 대상은 그 누구라도 상관없고, 오직 치성을 드리는 사람의 열심만 중요할 뿐입니다. 무릇 신이 있거든 그가 누구여도 좋으니 나의 치성과 열심에 감동해서 복을 달라는 호소입니다.

예전에 저는 남산 밑에서 꽤 오래 살았는데, 남산 약수터 안쪽에 보면 절벽 비슷한 데가 있습니다. 거기에는 이른 새벽부터 촛불을 켜 두고 치성을 드리는 사람이 많았습니다. 그 사람들이 비는 모습은 참 흥미로웠습니다. 누구한테 비는지 신앙의 대상은 분명하지 않았습니다. 산신령인지, 천지신명이지, 하늘인지, 땅인지 명확하지 않았습니다. 어딘가에 신이 있다면 자신이 가진 열심 앞에 감동할 것이라는 가장 소박한 신앙심으로 빌러 나왔던 것입니다. 그런데 이런 식의 태도가 기독교 신앙을 가진 우리에게도 제법 많이 있습니다.

기독교가 여느 종교와 크게 다른 점은 신앙을 가진 개인보다 신앙의 대상이 우선한다는 데에 있습니다. 그런데도 우리는 믿음의 대상보다는 자신의 열심에 더 치중하는 잘못된 경향이 있습니다. 우리가 신앙하는 대상에 대한 지식도 없이 그저 열심을 내기에 바쁩니다.

우리가 기도에 대해 갖는 죄책감도 이런 생각과 관련 있습니다. 우리의 죄책감은 내가 기도를 열심히 안 했다, 하나님이 충분하게 여기실 만큼 기도하지 않았다는 데에 있습니다. 기도를 들으시는 이가 어떤 분인가에 대해서는 진지하게 생각하지 않으면서 말입니다.

당당히 요구할 수 있는
관계

본문에 나온 이야기를 살펴봅시다. 예수님은 기도에 대해 가르치시면서 이런 예화를 듭니다. 한 사람이 자려고 누웠는데 한밤중에 친구가 찾아왔다, 찾아온 용건은 자기 집에 손님이 왔는데 줄 것이 없으니 떡 좀 꾸어 달라는 것이다, 이 사람은 친구의 사정을 듣고도 일어나기 싫다고 했다, 아이들과 이제 자려고 누웠으니 부탁을 들어줄 수 없다는 것이다, 그러나 이 말을 듣고도 친구가 돌아가지 않고 계속 졸라 대면 결국 이 사람은 친구라는 이유만으로는 부탁을 들어주지 않는다고 할지라도 계속 간청하니 부탁을 들어줄 수밖에 없지 않겠느냐, 하는 이야기입니다. 잠든 사람을 일어나게 할 수 있는 것은 간청 때문이라고 예수님은 말씀하십니다.

여기서 말하는 '간청懇請'은 개역 한글 성경에는 '강청强請'이라고 되어 있습니다. '강청'이란 '뻔뻔스러운 요구'라고 풀이되는데, 바로 이런 것입니다. 한 친구가 찾아와서 말합니다. "집에 손님이 왔는데 밥이 없으니 밥 좀 주라." "싫다. 귀찮아. 이제 자려고 누웠는데 언제 일어나서 밥을 주겠냐?" 이런 대답을 듣고도 친구가 생떼를 부립니다. "빨리 안 내놔? 문을 부숴 버릴 거야!" 이런 것이 강청입니다.

지금 이 친구는 정중히 와서 요청하거나 도와 달라고 구걸하는 것이 아닙니다. 친구 사이라면 이 정도는 당연히 해 줘야 되는 것 아니냐, 하며 떼쓰는 것입니다. 네가 내 친구인데 네가 아니면 누가 도와주겠느냐, 이렇게 부탁하는 것이 아니라 안 내놓으면 문을 부숴 버린다, 하며 으름장을 놓는 것이 강청입니다. 상대의 호의를 구하며 도와 달라는 것이 아닙니다. 마치 채권자가 채무자에게 빌려준 돈 받으러 오듯이 당당하게 달라는 태도입니다.

기도란 일차적으로는 도와 달라는 구걸입니다. 창조주 하나님 앞에 피조물로서 납작 엎드리는 것입니다. 그런데 하나님은 우리를 그런 지위에만 머물게 놔두시지 않습니다. 기도에는 더 많은 것이 허락되어 있다고 하십니다. 기도란 하나님의 눈치를 보며 "하나만 주세요"라고 비는 것 같은 구걸의 차원 너머에 있는 복의 자리라고 하나님은 선언하십니다.

자식이 부모에게 떼쓰는 모습을 떠올려 봅시다. 아이가 말도 안 되는 생떼를 쓰는데, 그럴 수 있는 것은 자기가 아버지의 자녀이기 때문입니다. 기도는 남에게 하는 것이 아닙니다. 떼를 써도 좋을 대상에게 하는 것입니다. 기도에는 이런 관계가 전제되어 있습니다. 이 차원을 놓치면 기도는 상거래나 토론에 머물게 됩니다.

강청하는 기도를 아는 사람은 복이 있습니다. 간구가 이루어지느냐 안 이루어지느냐 하는 것과 내가 잘했냐 잘못했냐 하는 것은 서로 관계가 없는 것임을 깨달았기 때문입니다.

하나님에게 무엇을 요청했는데도 응답되지 않으면, 우리는 내가 틀렸나 보다, 내가 잘못 구했나 보다, 하나님이 노하시지 않을까, 하는 마음이 듭니다. 내 속마음이 다 드러나서 창피당하지는 않을까, 어리석다고 수모를 당하지는 않을까, 하나님의 마음을 거슬러서 징벌을 받지는 않을까, 하고 두려워하는 마음이 신자에게 있습니다.

그러나 우리가 하나님 앞에 하는 요구는 내가 그것을 받을 만한 정당한 이유가 있느냐 없느냐의 문제와는 무관하다고 성경은 말합니다. 우리에게는 하나님 앞에 떼쓸 권리가 있다고 합니다. 그래서 기도는 방법과 훈련의 문제이기 이전에 우리의 신분에 관한 문제입니다. 기도할 수 있는 것 자체가 복입니다. "하나님 아버지!"라고 부르며 운을 떼는 것으로서 이미 복이라는 말입니다.

자녀가 부모에게 무엇을 사 달라고 조를 때 말이 안 되는 경우가 많습니다. 십 분 전에 산 장난감을 다 부수어 놓고 또 사 달라고 합니다. 그리고 사 줄 때까지 떼를 씁니다. 조금 전에 그것 때문에 벌을 받았는데 삼십 분만에 와서 또 사 달라고 합니다. 자녀가 가진 이런 특권을 이해하는 사람이 복이 있다는 이야기입니다. 그래서 그 장난감을 다시 얻게 되었는지는 지금 이야기하려는 주제가 아닙니다. 지금은 이렇게 강청할 수 있는 특권에 대해 말하고 있습니다. 우리가 기도를 짐으로 여기는 이유는 하나님의 자녀가 가진 기도의 특권과 복이 무엇인지 놓치고 있기 때문입니다.

기도의 응답은 우리의 요구가 하나님 앞에 정당한지 여부를 따지기에 앞서 우리가 그분의 자녀이기 때문에 주어지는 것입니다. 기도 응답은 우리의 요구에 대한 결재가 아닙니다. 하나님이 듣고 계신다는 표시입니다. 때로 하나님이 "이건 안 돼"라고 하실 수 있습니다. 그러나 더 중요한 것은 우리가 하나님 앞에 떼를 쓸 수 있는 자라는 사실입니다. 이 특권을 알지 못하면 제대로 기도할 수 없습니다.

기도에는 높은 수준의 기도가 있고 그렇지 못한 기도가 있습니다. 그런데 모든 기도의 처음은 다 말이 안 되는 기도에서 출발합니다. 정당한 기도는 철이 난 다음에 하는 것입니다.

철들기 전에 하는 말도 안 되는 기도의 예로 이런 것이 있습니다. "어제 우리 아빠가 미국에 가셨는데 올 때 미국을 사다 주신댔다!" 이런 말은 어린아이들이 하는 터무니없는 허풍이지만, 그 말을 하는 자녀의 마음이 무엇인지 알 필요가 있습니다. '벗 됨으로 인하여서는 일어나서 주지 아니할지라도 그 간청함을 인하여 그 요구대로 주리라'라는 말씀은 기도 안에 이런 관계가 전제되어 있다는 것을 가르치고 있습니다.

많은 성도가 기도에 대해서 이런 질문을 합니다. "기도가 잘 나오지 않습니다. 어떻게 하면 기도를 잘할 수 있습니까?" 이런 질문을 하는 이유는 유치한 기도 말고 멋있는 기도를 하고 싶기 때문입니다. 그러나 미숙한 기도에서 시작하지 않으면 멋있는 기도도 하지 못하게 됩니다. 유치한 기도라도 시작하십시오. 이것도 정당한 기도입니다.

정확한 형식으로 기도해야 응답을 얻는다고 생각하는 이상, 참다운 기도는 나올 수 없습니다. 기도는 어린아이의 울음과 같은 외침에서 걸음마를 떼는 것이기 때문입니다. 뜨거워도 울고, 추워도 울고, 배고파도 울 듯, 하나의 표현밖에 모르는 어린아이와 같은 모습으로 기도 생활은 출발합니다.

우리가 하나님의 자녀인 것을 인식할 때에 뻔뻔스러울 만큼 담대하게 하나님 앞에 입을 열 수 있습니다. 입을 열어 간구한 내용과 형식이 엉망일지라도 우리는 하나님의 자녀이기 때문에 하나님 앞에 입을 뗄 수 있습니다. 이 담대한 신앙을 가지십시오. 그것을 하나님이 기쁘게 보실 것입니다.

풍성하고 적극적인 간구

이런 맥락을 따라 이어지는 9절 이하 말씀의 의미를 새겨봅시다.

내가 또 너희에게 이르노니 구하라 그러면 너희에게 주실 것이요 찾으라 그러면 찾아낼 것이요 문을 두드리라 그러면 너희에게 열릴 것이니 구하는 이마다 받을 것이요 찾는 이는 찾아낼 것이요 두드리는 이에게는 열릴 것이니라 너희 중에 아버지 된 자로서 누가 아들이 생선을 달라 하는데 생선 대신에 뱀을 주며 알을 달라 하는데 전갈을 주겠느냐 너희가 악할지라도 좋은 것을 자식에게 줄 줄 알거든 하물며 너희 하늘 아버지께서 구하는 자에게 성령을 주시지 않겠느냐 하시니라 (눅 11:9-13)

기도는 자녀가 아버지 앞에 응석을 부리는 것과 같다고 앞에서 말씀드렸습니다. 기도를 방법이 아닌 관계성이라는 관점에서 생각하라는 것입니다. 기도는 하나님과 내가 어떤 관계인지를 기억하는 신앙고백입니다. 기도의 내용이나 응답을 생각하기 이전에 이 점을 분명히 해야 합니다. 나에게 무슨 일이 있을 때면 가장 확실하게 찾아갈 수 있는 이가 있다, 그분이 하나님 나의 아버지이시다, 라는 고백이 바로 기도입니다.

우리는 기도를 최후의 방법으로 쓰려고 남겨 둘 때가 많습니다. 그러나 우리는 무슨 일이 생기든 하나님을 가장 먼저 찾을 수 있습니다. 그래도 되는 존재입니다. 그것이 기도입니다. 이렇듯 기도는 우리 생애에 일어나는 모든 일에 대하여 얼마나 자주 하나님을 의지하는가의 씨름입니다. 곧 인생의 어느 만큼까지 하나님에게 맡기느냐의 싸움입니다.

얼마나 고통스러운 일이 일어나야 하나님에게 그 문제를 가지고 찾아가십니까? 얼마나 심각한 사건이 일어나야 비로소 기도하십니까? 우리의 기도는 자신이 기독교인이라는 것을 표시하는 형식적 행위에 머물 때가 많습니다. 그러나 자신의 삶의 근거가 하나님의 손에 맡겨져 있다는 것이 기도로 드러나야 합니다.

많은 사람이 감당할 수 없는 위기를 당하여 절망을 느낄 때만 하나님에게 찾아가지만, 사실 기도는 훨씬 긍정적이고 적극적인 내용을 담을 수 있어야 합니다. 9절에서는 구하라, 찾으라, 문을 두드리라고 합니다. 구하라, 찾으라, 문을 두드리라는 이 명령은 적극적으로 나아가라는 요구입니다. 나에게 일어난 일에 대하여 하나님이 간섭해 주시기만을 바란 채, 소극적으로 머물러 있지 말라는 것입니다. 구할 이유나 찾아야 할 문제가 있지 않은 상태에서도 적극적으로 구하고 찾으라는 말씀입니다.

우리는 스스로 해결할 수 없는 문제가 있을 때에만 기도합니다. 건강하고, 먹고살 만하며, 자녀들이 말썽 부리지 않는데도 기도하는 경우는 별로 없습니다. 그러다가 어려움이 닥치면 기도합니다. "건강을 잃었습니다. 건강을 회복시켜 주십시오. 실직했습니다. 직장을 주십시오. 이러저러한 우환이 있습니다. 해결해 주십시오." 그런데 성경은 아무 문제가 없을 때에도 구할 것이 있고 찾을 것이 있고 문을 두드려야 할 것이 있다고 말씀합니다.

기도에 대한 이야기의 결론이 13절에 나옵니다. '너희가 악할지라도 좋은 것을 자식에게 줄 줄 알거든 하물며 너희 하늘 아버지께서 구하는 자에게 성령을 주시지 않겠느냐.' 기도하면 응답이 아니라 성령을 주신다고 합니다.

성령을 주신다는 것은 상당히 광범위한 이야기이기 때문에 여기서 그 의미를 다 밝힐 수는 없습니다. 그러나 여기서도 분명히 확인할 수 있는 것은 예수를 믿고 기도하는 것이 최소한 문제를 때우고 메꿔 주는 차원에 국한되는 것은 아니라는 점입니다. 고통을 면제받고 난관을 극복하는 데에 기도를 사용하느라, 우리에게 신앙은 닥치는 환난을 면하게 해 주는 예방주사 정도밖에 안 될 때가 많지만, 본문은 이보다 훨씬 적극적인 기도를 요구하고 있습니다.

오늘 신자에게 가장 불행한 일이 있다면 신앙의 모험이나 영적 전투가 없다는 사실입니다. 신앙이 전투적이거나 모험적이지 않게 된 것은 자신의 현실에 급급하여 현상 유지를 위한 방편에 불과한 믿음을 가졌기 때문입니다. 마치 아이가 밖에 나가서 놀다가 이웃집 아이에게 맞으면, 얼른 나와서 "이놈!"이라고 해 주는 분 정도로 하나님을 대우하고 있는 것입니다. 이런 식으로 하나님을 생각해서는 곤란합니다. 어떻게 신자의 삶이 밤낮 먹고사는 문제, 자존심을 지키고, 고통을 해결하는 문제에만 머무는 조그만 것이겠습니까.

신자에게는 이런 기도가 있어야 합니다. "하나님, 제게 인생을 허락하신 이유가 무엇입니까? 저를 살게 하시는 이유가 무엇입니까?" 하나님에게 끈질기게 물어보아야 합니다. 떼를 쓰고 강청하면서 나아가야 합니다. "대답해 주십시오. 제 인생을 통하여 하나님이 하시고 싶은 일이 무엇입니까? 알게 해 주십시오. 주께서 원하시는 대로 제가 그렇게 하겠습니다."

이런 기도가 응답되기 위해서 얼마나 많은 일이 우리를 기다리고 있는지 모릅니다. 우리의 삶 전체가 응답의 자리입니다. 선교사나 목사가 되어야만 응답하는 것이 아닙니다. 건강한 어머니가 되는 것, 건전한 사회인이 되는 것, 따뜻한 이웃이 되어 주는 것, 이런 것이 중요합니다. 그 일들을 위해 기도하십시오. 강청하십시오. 우리가 떼를 써서 간구해야 하는 기도 제목입니다. 하나님에게 물어보십시오. "왜 나로 살게 하십니까? 왜 하필 이 시대입니까? 왜 이 교회, 이 가정입니까? 지금 여기서 내가 할 일이 무엇입니까?"

각각 보냄을 받은 자리에 하나님 앞에 쓰임 받는 성도의 기쁨이 있고 자랑이 있습니다. 모든 성도의 삶의 현장은 끊임없는 기도가 요청되는 자리입니다. 이는 하는 사람만이 아는 복이요, 하는 사람만이 누리는 자랑입니다. 이런 사실을 놓치면 신자의 생활은 참으로 무미건조해집니다. 중요한 특권을 놓치고 사는 셈입니다.

그러니 오늘 나에게 어려움이 없다는 것 때문에 기도의 잠을 자지 마십시오. 강청하는 기도를 시작하십시오. 깨닫게 해 달라고 기도하십시오. 하나님이 내 인생을 통해서 어떻게 일하시는지, 그것을 위해서 무엇을 준비해야 하는지 기도로 물으십시오. 적극적 신앙의 자세로 나아가십시오. 예수님이 약속하셨습니다. '너희 하늘 아버지께서 구하는 자에게 성령을 주시지 않겠느냐.'

질문

1. 기도를 성의의 문제로만 생각하면 왜 위험합니까?

2. 우리가 하나님에게 당당히 요구할 수 있는 이유는 무엇입니까?

3. 신자는 어떤 내용을 강청해야 합니까?

적용

내가 간구하는 기도는 주로 어떤 내용을 담고 있는지 생각해 봅시다.

04

언약의 하나님

1 메대 족속 아하수에로의 아들 다리오가 갈대아 나라 왕으로 세움을 받던 첫 해 2 곧 그 통치 원년에 나 다니엘이 책을 통해 여호와께서 말씀으로 선지자 예레미야에게 알려 주신 그 연수를 깨달았나니 곧 예루살렘의 황폐함이 칠십 년만에 그치리라 하신 것이니라 3 내가 금식하며 베옷을 입고 재를 덮어쓰고 주 하나님께 기도하며 간구하기를 결심하고 4 내 하나님 여호와께 기도하며 자복하여 이르기를 크시고 두려워할 주 하나님, 주를 사랑하고 주의 계명을 지키는 자를 위하여 언약을 지키시고 그에게 인자를 베푸시는 이시여 5 우리는 이미 범죄하여 패역하며 행악하며 반역하여 주의 법도와 규례를 떠났사오며 6 우리가 또 주

의 종 선지자들이 주의 이름으로 우리의 왕들과 우리의 고관과 조상들과 온 국민에게 말씀한 것을 듣지 아니하였나이다 (단 9:1-6)

안식년과
희년

우리는 기도를 하나님 앞에 내 사정과 소원을 아뢰고 그에 대한 응답을 받는 차원으로만 생각하는 경향이 있습니다. 본문인 다니엘서 9장 말씀은 기도에 그보다 더 깊은 뜻이 담겨 있음을 보여 주고 있습니다.

바벨론 포로 생활이 칠십 년 만에 그치리라는 예레미야의 글을 읽은 다니엘은 기도를 결심합니다. 그의 기도는 '칠십 년이 다 되어 가니 이제 내가 하나님에게 구해야겠다'라는 차원에서 "하나님, 이제 시간이 다 되었습니다"라고 하나님을 일깨우거나 "하나님, 칠십 년에 그치겠다고 하셨으니 그 약속을 꼭 잊지 마십시오"라고 하나님에게 다짐받기 위한 것이 아니었습니다. 다니엘이 기도하기로 결심한 이유를 알기 위해서는 먼저 칠십 년의 포로 생활에서 '칠십 년'이 의미하는 바가 무엇인지를 살펴보아야 합니다.

레위기 25장 말씀을 보겠습니다. 여기에 안식년과 희년에 대한 규례가 나오는데, 8절부터 나오는 희년에 대한 말씀을 읽어 봅시다.

너는 일곱 안식년을 계수할지니 이는 칠 년이 일곱 번인즉 안식년 일곱 번 동안 곧 사십구 년이라 일곱째 달 열흘날은 속죄일이니 너는 뿔나팔 소리를 내되 전국에서 뿔나팔을 크게 불지며 너희는 오십 년째 해를 거룩하게 하여 그 땅에 있는 모든 주민을 위하여 자유를 공포하라 이 해는 너희에게 희년이니 너희는 각각 자기의 소유지로 돌아가며 각각 자기의 가족에게로 돌아갈지며 그 오십 년째 해는 너희의 희년이니 너희는 파종하지 말며 스스로 난 것을 거두지 말며 가꾸지 아니한 포도를 거두지 말라 이는 희년이니 너희에게 거룩함이니라 너희는 밭의 소출을 먹으리라 (레 25:8-12)

레위기 25장은 안식년에 관한 이야기로 시작됩니다. 농사를 육 년 동안 짓고 그다음 해를 안식년으로 지켜 땅을 쉬게 하라고 하십니다. 이렇게 하면 매 일곱 번째 해가 안식년이므로, 사십구 년째 해도 안식년이 됩니다. 일곱 번째 안식년이 되는 것입니다. 그리고 그다음 해, 곧 오십 년째 되는 해가 희년입니다.

성경에서 '칠'이라는 숫자는 하나님의 안식과 완성을 상징합니다. 하나님은 엿새 동안 천지를 창조하시고 이레째 되는 날은 안식하시며 그날을 복되고 거룩하게 하셨습니다. 마찬가지로 가나안에 들어가는 이스라엘에게 육 년 동안은 밭을 경작하지만, 칠 년째가 되는 해에는 안식년으로 지켜 농사를 쉬라고 명령하십니다. 그리고 그 안식년이 일곱 번 지난 후, 곧 오십 년째가 되는 해를 희년으로 지키라고 하십니다.

구약에는 칠칠절 혹은 오순절이라는 절기가 있습니다. 칠칠절은 칠 곱하기 칠을 해서 사십구 일째 되는 날을 가리키는데, 유월절로부터 사십구 일째 되는 날을 지켜 쉬는 절기입니다. 그런데 이날을 '사십구절'이라고 하지 않고 '오순절五旬節'이라고 부릅니다. 성경은 사십구와 오십을 같은 개념으로 사용하고 있는 것입니다.

이렇게 보면 희년은 오십 번째 해에 선포되지만, 그 뜻은 일곱 번째 안식년과 같은 의미라고 할 수 있습니다. 안식과 완전을 상징하는 '칠'이라는 숫자가 일곱 번 곱해져서 안식의 해, 은혜의 해를 상징하고 있습니다.

희년에는 가나안 땅에 거하는 모든 사람에게 자유가 선포됩니다. 이스라엘에서는 가난해지면 자기 민족끼리 자식까지 사고파는 일이 더러 있었습니다. 그러나 희년이 되면 노예는 얼마에 샀든지 몇 년 동안 일했든지 상관없이 다 돌려보내야 했습니다. 노예는 무조건 석방해 주어야 했고, 남에게 산 땅도 원래의 주인에게 무조건 돌려주어야 했습니다.

이스라엘 민족이 가나안에서 차지한 땅은 자기들 힘으로 돈 주고 산 땅이 아닙니다. 출애굽한 이스라엘이 여호수아를 따라 가나안에 들어와 제비 뽑아 지파별로 나눠 가진 땅입니다. 따라서 이스라엘 민족에게 땅이란 자기 마음대로 넘길 수 없는 대상입니다. 사고파는 일이 있어도 희년이 되면 무조건 원소유자에게 돌려주어야 해서 이스라엘 민족에게 땅은 영원한 기업을 상징합니다. 이로부터 우리가 나중에 천국에서 얻을 기업이 어떤 것인지에 대해서도 헤아려 볼 수 있습니다.

희년은 안식년 중의 안식년입니다. 안식년이 쉬는 것이라면, 희년은 더 크게 쉬고 더 크게 기뻐해야 하는 해입니다. 희년에는 파종하지 않을 뿐만 아니라 잡아가고 사고판 종도 돌려보내고, 빼앗았던 토지도 돌려주어야 했습니다. 땅과 땅을 경작하는 사람뿐만 아니라 모든 것이 쉬게 되는 것입니다.

형벌 속에 담긴 하나님의 언약

안식년과 희년에 대한 명령이 나오는 레위기 25장에 이어 26장은 이렇게 계속됩니다. 13절까지는 하나님의 명령에 순종하는 자가 받을 복에 대해서 말하고, 14절부터는 불순종하면 받을 벌에 대해 설명하고 있습니다. 이스라엘 백성이 하나님 앞에 범죄하면 하나님은 그들에게 병이나 기근을 보내신다고 합니다. 또 그들을 다른 나라로 쫓아 버리시겠다고도 합니다. 그런데 여기에 이런 말씀이 이어지고 있습니다.

그들이 나를 거스른 잘못으로 자기의 죄악과 그들의 조상의 죄악을 자복하고 또 그들이 내게 대항하므로 나도 그들에게 대항하여 내가 그들을 그들의 원수들의 땅으로 끌어 갔음을 깨닫고 그 할례 받지 아니한 그들의 마음이 낮아져서 그들의 죄악의 형벌을 기쁘게 받으면 내가 야곱과 맺은 내 언약과 이삭과 맺은 내 언약을 기억하며 아브라함과 맺은 내 언약을 기억하고 그 땅을 기억하리라 그들이 내 법도를 싫어하며 내 규례를 멸시하였으므로 그 땅을 떠나서 사람이 없을 때에 그 땅은 황폐하여 안식을 누릴 것이요 그들은 자기 죄악의 형벌을 기쁘게 받으리라 그런즉 그들이 그들의 원수들의 땅에 있을 때에 내가 그들을 내버리지 아니하며 미워하지 아니하며 아주 멸하지 아니하고 그들과 맺은 내 언약을 폐하지 아니하리니 나는 여호와 그들의 하나님이 됨이니라 (레 26:40-44)

42절까지 보면, 하나님은 이스라엘 백성이 계속해서 범죄하면 그들을 다른 나라에 쫓아 보낼 것이지만, 그렇다고 그들을 아주 버리는 것은 아니라고 말씀하십니다. 거기서 그들이 회개하면 그들과 맺은 언약을 기억하실 것이라고 합니다. 그리고 이스라엘이 쫓겨나 떠나갔던 약속의 땅도 기억하시겠다고 합니다.

이스라엘 백성이 낯선 땅으로 쫓겨 간다고 해도 하나님이 그들을 버리시는 것이 아니라고 합니다. 그러면 그들은 버림받은 것도 아닌데, 왜 가나안 땅에서 쫓겨나는 것일까요. 그 이유가 43절에 나옵니다. '사람이 없을 때에 그 땅은 황폐하여 안식을 누릴 것이요.' 이스라엘이 포로가 되어 끌려가면 그들이 거하던 땅이 안식을 누릴 것이라고 합니다.

하나님은 이스라엘 백성이 거역하면 기근이나 지진을 일으키거나 염병을 보내거나 외적을 불러들여 치게 하겠다고 하십니다.

그러나 이렇게 해도 그들이 정신을 차리지 않으면 다른 민족에게 포로로 잡혀가게 하십니다. 가나안에 거하던 이들이 전부 포로로 잡혀가 그 땅을 떠나게 되면 그 땅은 경작할 사람이 없으므로 자연히 안식년과 같은 상황을 누리게 될 것입니다. 이와 같이 땅이 쉬는 것을 안식이라고 말씀하심으로써 이런 상황에서도 하나님이 이스라엘과 맺은 언약을 기억하신다는 것을 우리는 알 수 있습니다. 이처럼 하나님이 내리시는 형벌에도 메시지가 들어 있는 것입니다. 형벌을 내리신다고 해도 하나님은 이스라엘과 맺은 언약을 잊지 않겠다고 선언하시는 것입니다. 땅이 쉬는 것을 보면서 하나님은 내가 이들을 내 백성으로 삼았다, 내가 저들을 나의 자녀로 삼았다는 당신의 약속을 기억하실 것입니다.

칠십 년 포로 생활의 의미

이런 내용이, 이후 유다 백성이 바벨론에 포로로 잡혀가게 된 상황과 어떻게 이어지는지 살펴봅시다. 다니엘서 9장은 이렇게 시작합니다.

메대 족속 아하수에로의 아들 다리오가 갈대아 나라 왕으로 세움을 받던 첫 해 곧 그 통치 원년에 나 다니엘이 책을 통해 여호와께서 말씀으로 선지자 예레미야에게 알려 주신 그 연수를 깨달았나

니 곧 예루살렘의 황폐함이 칠십 년만에 그치리라 하신 것이니라 (단 9:1-2)

예레미야는 이스라엘이 바벨론에 포로로 잡혀갈 때에 그 기간이 칠십 년이 될 것이라고 예언하였습니다. 그러니 여기서 다니엘이 '그 연수를 깨달았'다는 말은 단지 그 예언된 내용을 처음 들었다는 말이 아닐 것입니다. 칠십 년이 상징하는 의미를 깨닫게 되었다는 말입니다. 칠십 년의 포로 생활을 허락하신 하나님의 의도를 깨달은 것입니다.

유다 백성이 바벨론에 포로로 잡혀 있는 동안 가나안 땅은 몇 번이나 안식년을 누렸을까요. 열 번이라고 생각하기 쉽습니다. 그러나 포로로 잡혀가 있는 동안 땅은 계속 쉬고 있었으므로 매해가 안식년인 셈입니다. 유다 백성의 칠십 년 포로 생활 동안 그들이 거하였던 가나안 땅은 칠십 번의 안식년을 누린 것입니다. 여기서 안식과 완전을 의미하는 '칠'이라는 숫자가 중요합니다. 뒤에 붙는 '십'은 긴 기간을 의미합니다. 칠 년은 이스라엘을 연단하기에 짧은 기간이므로 칠십 년이라는 긴 기간이 걸리는 것입니다.

요한계시록에서 구원 얻는 자의 수를 '십사만 사천'이라고 표현한 것과 비슷한 이야기입니다. 십사만 사천은 단지 산술적으로 계산한 수가 아닙니다. 구약을 대표하는 열두 지파와 신약을 대표하는 열두 사도의 수를 곱하면 '백사십사'입니다. 거기에 몹시 많다는 의미인 '천'을 곱하여 십사만 사천 명이 된 것입니다. 마찬가지로 칠십 년의 포로 생활에서도 앞에 붙어 있는 '칠'이란 숫자에 의미가 담겨 있는 것입니다.

하나님은 칠십 년이라는 기간 동안 가나안 땅에 희년을 선포하십니다. 포로 생활의 이런 의미를 다니엘이 깨달은 것입니다. 하나님이 우리를 쫓아내셨다, 그러나 우리를 아주 버리신 것은 아니다, 하나님은 우리를 깨우치려고 하신다, 하나님은 안식을 누리게 된 가나안 땅을 보시며 우리 선조와 맺으신 언약을 기억하고 계신다, 하나님은 우리를 잊지 않으셨다, 하고 다니엘이 깨닫게 된 것입니다. 역대하 36장에도 이런 말씀이 나옵니다.

하나님이 갈대아 왕의 손에 그들을 다 넘기시매 그가 와서 그들의 성전에서 칼로 청년들을 죽이며 청년 남녀와 노인과 병약한 사람을 긍휼히 여기지 아니하였으며 또 하나님의 전의 대소 그릇들과 여호와의 전의 보물과 왕과 방백들의 보물을 다 바벨론으로 가져가고 또 하나님의 전을 불사르며 예루살렘 성벽을 헐며 그들의 모든 궁실을 불사르며 그들의 모든 귀한 그릇들을 부수고 칼에서 살아 남은 자를 그가 바벨론으로 사로잡아가매 무리가 거기서 갈대아 왕과 그의 자손의 노예가 되어 바사국이 통치할 때까지 이르니라 이에 토지가 황폐하여 땅이 안식년을 누림 같이 안식하여 칠십 년을 지냈으니 여호와께서 예레미야의 입으로 하신 말씀이 이루어졌더라 (대하 36:17-21)

역대기의 마지막 부분입니다. 북 이스라엘은 앗수르에 이미 멸망하고 남 유다도 이제 갈대아 곧 바벨론 왕에 의해 멸망하고 맙니다. 성경은 그 일로 토지가 안식을 누리게 되었다고 설명하고 있습니다. 선지자 예레미야가 전한 대로 일이 이루어졌다고 합니다. 이러한 강조는 이어지는 22절에도 다시 나옵니다.

바사의 고레스 왕 원년에 여호와께서 예레미야의 입으로 하신 말씀을 이루시려고 여호와께서 바사의 고레스 왕의 마음을 감동시키시매 그가 온 나라에 공포도 하고 조서도 내려 이르되 바사 왕고레스가 이같이 말하노니 하늘의 신 여호와께서 세상 만국을 내게 주셨고 나에게 명령하여 유다 예루살렘에 성전을 건축하라 하셨나니 너희 중에 그의 백성된 자는 다 올라갈지어다 너희 하나님 여호와께서 함께 하시기를 원하노라 하였더라 (대하 36:22-23)

이 마지막 부분이 부록처럼 붙어 있는 이유가 있습니다. 그것은 이스라엘이 겪은 바벨론 포로 생활이 단순히 패역한 유다 백성에 대한 하나님의 채찍이나 징계 또는 분노가 아니기 때문입니다. 이 점을 여기에 못 박아 표현한 것입니다. 유다의 포로 생활은 당신의 자녀를 고치셔서 복 주시려는 하나님의 거룩하심과 자비하심과 은혜에 근거하고 있습니다.

다니엘의
기도

다시 본문으로 돌아가 다니엘이 기도할 때에 가졌던 심정을 살펴봅시다. 그 기도는 말할 수 없이 깊고 깊은 하나님의 은총에 근거하여 나오는 것입니다. 하나님의 채찍질은 이스라엘이 저지른 실수에 대한 증오가 아닙니다. 그들을 고쳐 놓고 복 주시려는, 부모의 마음보다 더 크고 진한 사랑 때문에 생겨난 일입니다. 하나님은 이스라엘을 그들이 스스로를 사랑하는 것보다 더 사랑하셔서 그들 가운데 선을 이루시고 영광과 존귀로 관 씌우시려고 합니다. 그래서 생겨난 하나님의 공의와 자비의 발로가 이 포로 생활입니다.

다니엘이 이것을 깨달은 것입니다. 하나님이 얼마나 깊은 배려와 간절한 열심으로 이 백성을 향한 복을 쌓아 놓고 계시는가를 알게 된 것입니다. 그래서 다니엘은 주님 앞에 무릎 꿇고 감격의 눈물을 흘리며 마음속 깊이 항복하여 주 앞에 두 손을 모으고 있습니다. 예레미야 선지자의 말씀을 깨닫게 된 다니엘은 베옷을 입고 금식하며 재를 무릅쓰고 하나님 앞에 나아가 기도합니다. "주여, 우리는 죄를 지었으므로 주 앞에 욕먹어 마땅합니다. 그러나 주님은 그런 우리에게 왜 이렇게 깊은 사랑과 다함없는 계획을 갖고 계십니까?"

우리는 참으로 보잘것없는 자들입니다. 우리는 우리의 보잘것없음을 뼈에 사무치게 깨닫습니다. 그러나 우리가 자조하며 자책

할 때에도 훨씬 더 큰 사랑으로 하나님이 붙잡고 계십니다. 다니엘은 그런 하나님에게 마치 자석에 이끌리는 쇠붙이같이 끌려가고 있습니다. 이것이 얼마나 복된 일인지 상상해 보십시오.

우리의 현실을 보면 좌절할 수밖에 없습니다. 자신의 모습을 떠올려 보면 자꾸 어디론가 도망치고 싶어집니다. 그러나 그런 것들로 좌절하지 않게 하시는 하나님이 계십니다. 아버지의 깊은 배려와 사랑이 있습니다. 그것이 있기에 우리는 부끄러움과 수치 속에서도 하나님 앞에 나올 수 있습니다. 넘쳐흐르는 눈물과 떨리는 목소리로 그분 앞에 무릎 꿇고 "나의 아버지! 나의 하나님!"이라고 고백할 수 있습니다. 우리를 회복시키시고 용납하시는 아버지 하나님을 기억하며 그분에게 매달리는 것입니다. 이것이 다니엘의 기도입니다.

이제 우리는 마음껏 기도할 수 있습니다. 하나님 앞에 나아갈 때 두려움과 부끄러움으로 주저하지 않아도 됩니다. 우리는 하나님의 열심과 사랑과 배려에서 벗어날 수 없기 때문입니다. 우리를 향하여 자유와 석방의 날, 용서와 은혜의 날, 복과 감격의 날, 감사와 기쁨의 날을 선포하시는 하나님이 계십니다. 그런 은혜로우신 하나님에게 다니엘이 기도로 나아갔던 것을 기억하십시오. 그분 앞에 기도할 수 있는 특권을 가진 우리의 감격을 잃어버리지 마십시오.

질문

1. 희년의 의미를 설명해 봅시다.

2. 이스라엘 백성이 포로로 잡혀가 있는 칠십 년 동안 땅이 안식을 누린다는 것은 어떤 의미가 있습니까?

3. 우리가 마음껏 기도할 수 있는 이유는 무엇입니까?

적용

다니엘이 가졌던 심경으로 감격하며 기도했던 때가 있다면 나누어 봅시다.

05

응답하시는 하나님

15 네 형제가 죄를 범하거든 가서 너와 그 사람과만 상대하여 권고하라 만일 들으면 네가 네 형제를 얻은 것이요 16 만일 듣지 않거든 한두 사람을 데리고 가서 두세 증인의 입으로 말마다 확증하게 하라 17 만일 그들의 말도 듣지 않거든 교회에 말하고 교회의 말도 듣지 않거든 이방인과 세리와 같이 여기라 18 진실로 너희에게 이르노니 무엇이든지 너희가 땅에서 매면 하늘에서도 매일 것이요 무엇이든지 땅에서 풀면 하늘에서도 풀리리라 19 진실로 다시 너희에게 이르노니 너희 중의 두 사람이 땅에서 합심하여 무엇이든지 구하면 하늘에 계신 내 아버지께서 그들을 위하여 이루게 하시리라 20 두세 사람이 내 이름으로 모인

합심하여
드리는 기도

본문에는 기도에 대한 굉장한 약속이 나옵니다. 너희가 땅에서 매면 하늘에서도 매일 것이요, 무엇이든지 땅에서 풀면 하늘에서도 풀릴 것이다. 너희 중 두 사람이 땅에서 합심하여 무엇이든지 구하면 하나님 아버지가 이루어 주신다. 두세 사람이 내 이름으로 모인 곳에는 나도 그들 중에 있다. 이런 구절들은 무엇을 기도하든 다 응답될 것이라고 약속해 주는 말씀으로 보입니다. 그런데 우리는 이런 기도의 응답을 실제로 경험해 보았을까요? 이 말씀에 담긴 뜻을 살펴서 우리의 기도에 대해 다시 생각해 봅시다.

본문에서 말하는 '너희'는 교회를 가리킵니다. 교회는 합심한 성도의 모임, 곧 마음을 한데 모은 성도의 모임입니다. 그러니 여기 나온 약속이 개인을 향한 것은 아니라는 점을 먼저 기억해야 합니다. 이와 관련해서 야고보서 말씀을 살펴보겠습니다.

너희 중에 싸움이 어디로부터 다툼이 어디로부터 나느냐 너희 지체 중에서 싸우는 정욕으로부터 나는 것이 아니냐 너희는 욕심을 내어도 얻지 못하여 살인하며 시기하여도 능히 취하지 못하므로

다투고 싸우는도다 너희가 얻지 못함은 구하지 아니하기 때문이
요 구하여도 받지 못함은 정욕으로 쓰려고 잘못 구하기 때문이라
간음한 여인들아 세상과 벗된 것이 하나님과 원수 됨을 알지 못하
느냐 그런즉 누구든지 세상과 벗이 되고자 하는 자는 스스로 하나
님과 원수 되는 것이니라 너희는 하나님이 우리 속에 거하게 하신
성령이 시기하기까지 사모한다 하신 말씀을 헛된 줄로 생각하느
냐 그러나 더욱 큰 은혜를 주시나니 그러므로 일렀으되 하나님이
교만한 자를 물리치시고 겸손한 자에게 은혜를 주신다 하였느니
라 그런즉 너희는 하나님께 복종할지어다 마귀를 대적하라 그리
하면 너희를 피하리라 하나님을 가까이하라 그리하면 너희를 가
까이하시리라 죄인들아 손을 깨끗이 하라 두 마음을 품은 자들아
마음을 성결하게 하라 (약 4:1-8)

기도에 관하여 자주 들어 온 말씀입니다. '너희가 얻지 못함은 구
하지 아니하기 때문이요 구하여도 받지 못함은 정욕으로 쓰려고
잘못 구하기 때문이라.' 기도해도 응답받지 못하는 것은 잘못 구
하기 때문이라고 합니다. 언뜻 보면 기도 응답을 받기 위한 가르
침처럼 보이지만, 앞뒤 맥락을 함께 살펴보면 이 말씀의 의미는
그런 가르침이 아니라는 점이 분명해집니다. 이 말씀은 죄를 짓지
말고 교만하지 말라는 권면으로 이어지고 있습니다.

　야고보서 본문은 '너희' 중에 싸움과 다툼이 어디에서 나는가
하는 문제를 꺼내고 있습니다. 여기서 말하는 '너희'는 교회입니

다. 그러니까 교회에서 싸움과 다툼이 일어나는 상황을 말하고 있는 것입니다. 교회에서 일어나는 다툼은 각자의 정욕 때문이라고 합니다. 곧 다른 사람의 필요보다 자신의 정욕을 채우는 일에 집중하기 때문에 교회에서 한마음을 품지 못하고 싸우게 된다는 것입니다. 각자가 서로 잘났다고 하니 싸움이 나는 것입니다. 그렇게 되면 함께 기도할 수 없습니다. 합심하여 기도 제목을 낼 수 없기 때문입니다.

야고보서는 각자가 자신의 정욕을 따라가면 아전인수식의 간구밖에 할 수 없고 이런 기도는 잘못된 기도라고 말하고 있습니다. 교회의 기도가 각자의 교만에서 나온 간구뿐이라면 어떻게 응답받을 수 있겠느냐고 지적하고 있습니다.

여기서 두 사람이 합심해서 하는 기도가 한 사람이 하는 기도와 어떻게 다른지 알 수 있습니다. 야고보서는 한 사람이 하는 기도는 여러 사람이 합심해서 하는 기도보다 정당한 기도일 가능성이 적다는 전제에서 말씀하고 있습니다. 각자가 정욕으로 구한다면 설령 열심히 구하는 것이라고 해도 잘못 구하는 것이니 응답이 없다고 말하는 것입니다. 그래서 교만하지 말고 겸손하라는 권면을 이어가고 있습니다. 이런 말씀을 염두에 두면 마태복음 18장의 본문을 더 잘 이해할 수 있게 됩니다.

두 사람이 합심하여 하는 기도를 강조하고 있는 마태복음 본문은 '너희는 하나님께서 응답하실 만한 기도를 하고 있느냐' 하고 묻는 야고보서 말씀을 전제하고 있다고 보아야 합니다. 합심하여 기도하려면 먼저 간구할 내용이 누구나 공감할 만한 것인지를 살펴야 한다는 것입니다. 기도의 응답을 받으려면, 기도 제목이 각자의 욕심에서 나온 생각이 아니라 합심한 내용이어야 합니다. 하나님은 그런 기도에 대해서는 반드시 응답하십니다. 기도하는 자의 간구가 정당하며 공정한지가 중요합니다. 마태복음 6장 33절의 표현대로 하자면 '하나님의 나라와 그의 의를 구하는 기도'여야 합니다.

잘못 구하는
기도

우리가 기도해도 응답받지 못하는 것은 자신의 정욕으로 쓰려고 구하는 기도이기 때문입니다. 곧 상대를 누르고 자기를 증명하려는 목적으로 기도하기 때문입니다.

우리는 누군가를 누르고 자신을 증명하기 위한 기도를 많이 합니다. '잘 먹고 잘살게 해 주십시오'라는 기도도 종종합니다. 그런데 이러한 기도는 생존에 필요한 것을 채워 달라는 절실한 간구이기보다 남에게 지기 싫어서 하는 간구일 경우가 훨씬 많습니다. 기도하는 중에도 내가 절대로 지기 싫은 어떤 사람이 떠오릅니다. 다른 이에게는 다 져도 결코 지고 싶지 않은 사람 말입니다. 또 우리는 기도할 때 사람들이 욕하는 누군가가 떠오릅니다. 누가 욕먹었다더라, 누가 망신당했다더라, 하고 사람들의 입에 오르내린 이들이 우리 기도에 등장합니다.

그리고 우리의 기도는 이렇게 흘러갑니다. "주여, 정직하게 살게 해 주십시오." 이 기도는 자신을 정직하게 변화시켜 달라는 간구가 아닙니다. 평소 마음속에 담고 있던 정직하지 않은 누군가를 묵사발로 만드는 무기가 됩니다. 왜 우리가 기도하면서 그 사람을 떠올릴까요. 내가 정직하고 그 사람이 부정직한 것이 매우 분명하니까 하나님 앞에 기도하여 자신의 정당함을 드러내어 증명하고 싶은 것입니다. 또 그 사람을 회개시키겠다는 마음도 함께 들어 있는 것입니다. 여기에 야고보서 말씀이 지적하는 교만한 심사가 깔려 있습니다. 내가 회개시켜 보겠다, 나의 기도로 말미암아 그가 눈물을 흘리게 하고 말겠다, 라는 교만에서 비롯된 마음으로 기도하는 것입니다. 기도 한번 멋있게 해서 다른 사람을 항복시키고 싶은 것입니다. 그러나 이것은 매우 잘못된 시도입니다.

누가 어떤 문제를 해결하지 못한 채 어려워하고 있으면, 기도하면서 그 문제를 들먹거릴 필요가 없습니다. 그저 이렇게 기도하면 됩니다. "주여, 그의 형편을 다 아시오니 주께서 선한 길로 인도하여 주옵소서." 이것이 겸손입니다. 야고보서가 가르치는 기도의 바른 태도입니다.

우리가 제대로 된 기도를 하지 못하는 것은 교만하기 때문입니다. 대놓고 교만한 사람은 별로 없습니다. 겉은 겸손해 보이나, 자기는 잘하고 있다고 생각하는 것이 교만입니다. 교만을 버리고 겸손하려면 내가 아니라 하나님이 하신다는 것을 알아야 합니다. 하나님만이 하실 수 있는 일을 내가 기도로써 할 수 있다고 생각하면 이미 교만한 것입니다.

그러므로 우리의 기도가 진실하게 어느 누구와도 같이할 수 있는 내용인지를 돌아보십시오. 어떤 사람과도 공유할 수 있는 기도 제목을 생각할 줄 알아야 합니다. 그런 기도여야 두 사람이 합심하여 드릴 수 있는 간구가 됩니다. 그렇게 합심한다면 무엇이든지 구할 수 있는 것입니다. 이런 기도에 대해 하나님이 얼마나 큰 약속을 선포하고 계신지 보십시오. '너희 중 두 사람이 땅에서 합심하여 무엇이든지 구하면 하늘에 계신 내 아버지께서 그들을 위하여 이루게 하시리라.' 이것이 교회에 주신 약속입니다.

교회가 드려야 하는 기도

그렇다면 지금까지 교회라는 이름으로 기도했는데도 응답받지 못한 이유는 무엇일까요? 야고보서는 그 이유를 '너희가 얻지 못함은 구하지 아니하기 때문이요 구하여도 받지 못함은 정욕으로 쓰려고 잘못 구하기 때문'이라고 합니다. 교회가 한 기도가 응답받지 못한 것은 정당한 내용을 간구하지 않았기 때문입니다.

교회가 합심해서 한 기도로 응답받은 것이 무엇입니까? 한국 교회의 기도에 어떤 응답이 있었는지 생각해 봅시다. 응답받은 경우가 잘 떠오르지 않는다면, 한국 교회의 기도가 정당한 기도 제목을 가진 적이 없었다는 이야기가 될 것입니다. 교회에서 삼일 저녁마다 기도회로 모이고 철야기도로 모일 때면 우리의 기도 제목이 합심할 만한 것인지, 그렇게 합심하여 내놓은 기도 제목이 정당한 것인지 교회 차원에서 살펴보아야 합니다.

우리는 교회를 위해 기도하면서도 이런 식으로 간구하기 쉽습니다. '우리 교회가 다른 교회보다 나아지게 해 주십시오.' 여기에는 우리 교회가 바르다는 것을 드러내고 다른 교회가 바르지 못한 것을 비난하는 마음이 깔려 있습니다. 우리 기도가 그 정도밖에 안 되는 것은 아닌지 돌아보아야 합니다.

어떤 집사님이 미국에 가셨을 때의 일화입니다. 미국에 머무는 동안 예배를 드리러 어느 한인 교회를 찾아가게 되었다고 합니다. 그런데 그 교회의 전반적인 분위기가 이 집사님에게는 무언가 부족하게 느껴졌습니다. 예배가 끝나고 다과를 나누며 교제하는 시간에 집사님이 자신을 소개하며, 한국에서 자기가 다니는 교회의 장점을 자연스럽게 이야기하게 되었습니다. "우리 목사님은 이렇게 훌륭합니다. 우리 교회는 다른 교회가 하지 않는 일을 많이 합니다." 그 이야기에 감동받은 그 교회의 교우들이 자기 교회에서 일어나는 구체적 상황에 대한 조언을 이 집사님에게 구하게 되었습니다. 그래서 이분이 신나게 이야기하다 보니 이야기의 방향이 점점 그 한인 교회를 정죄하는 방향으로 가고 있다는 것을 깨닫게 되었습니다. 생각해 보니 이렇게 가다가는 큰일 나게 생겼습니다. 한국에 있는 저 교회는 이렇게 바르게 산다고 하는데 왜 우리 교회는 그렇게 못하는가 하는 이야기를 그 교회의 목사님이 듣는다면 마음이 크게 상할 것이라는 생각이 들었습니다. 그래서 이야기 도중에 슬그머니 도망 나왔다고 합니다.

우리의 옳음이 다른 이들을 정죄하기 위한 용도로 사용되면 안 됩니다. 옳음을 아는 분별은 남에게 자랑하라고 주어진 것이 아니고, 하나님에게 정당한 내용으로 간구하라고 주어진 것입니다.

우리가 옳아서 한 일이 무엇입니까? 물론 선교사를 보내고, 구제하는 등 여러 일을 해 왔습니다. 이것저것 해 놓은 일은 많습니다. 그러나 그것은 아직 교회의 일일 뿐입니다. 교회가 국가와 민족과 시대를 위해서 할 수 있는 것은 여전히 남아 있습니다. 그런데 아직 우리는 국가와 민족과 시대를 위해서 꺼내 놓을 수 있는 정당한 기도 제목이 없습니다. 한국 교회는 엄청난 교세를 자랑하고 있으면서도 여태 한국 사회를 품는 기도는 못하고 있습니다. 시대 앞에, 세상 앞에, 민족 앞에, 사회 앞에 꺼내 놓은 제대로 된 기도 제목이 아직도 없습니다. 이런 기도를 하는 것이 신자의 책임이며 교회의 책임인 줄 알아야 합니다.

이 나라에 사는 사람 모두가 어려움 없이 다 잘 먹고, 잘 살게 해 달라고 기도하자는 것이 아닙니다. 그러나 가능한 한 세상이 구원 얻을 기회를 갖도록 해 주어야 할 책임이 우리에게 있습니다. 또 하나님이 그 시대와 사회 앞에 하실 일을 다 할 수 있도록 하나님의 마음에 맞는 종들이 세워져야 합니다. 이런 일을 위한 기도가 우리에게 필요합니다.

물론 우리 모두가 잔 다르크는 아닙니다. 우리는 모세나 엘리야도 아닙니다. 그러나 성경은 '너희 중에 두 사람이 합심해서 기도하면 하나님이 들어주신다'라고 분명히 약속하고 있습니다. 두 사람이라고 합니다. 이 두 사람은 단지 숫자 둘을 가리키는 것이 아닙니다. 하나님이 원하시는 기도를 한다면 단 두 사람이 하는 기도라도 듣겠다고 하시는 말씀입니다.

응답을 받으려면 얼마나 많은 이가 합심해야 할까요. 소돔과 고모라를 멸하려고 하셨던 하나님이 의인 열 명만 찾으면 멸하시지 않겠다고 하신 사건을 마음속에 새겨 둘 필요가 있습니다. 이 나라 이 민족 앞에 두 교회도 필요 없고 단 하나의 교회만 제대로 서 있어도 우리나라는 망하지 않을 것입니다. 어느 교회일지 알 수 없습니다. 그것이 꼭 우리 교회여야 하고 다른 교회는 되지 말라는 법은 없습니다. 그러나 내가 속한 교회가 그런 교회가 되도록 열심을 품고 주를 섬기는 자세가 있어야 하지 않겠습니까?

위정자나 국방력을 위해 기도하기에 앞서 먼저 나 자신이 정당한 기도를 할 수 있어야 합니다. 기도하면 하나님이 응답해 주실 만한 사람이 되십시오. 다른 이들이 정당한 사람이 되게 해 달라고 기도하지 마십시오. 먼저 자신이 정당한 사람이 되십시오. 모두를 살리는 기도, 모두가 공감할 기도를 하십시오.

우리 자신이 소중한 사람인 줄 알아야 합니다. 우리야말로 기도해야 하는 사람들이기 때문입니다. 우리가 기도하는 일을 게을리

할 때 얼마나 많은 사람이 피해를 입을지 명심해야 합니다. 국가의 위정자가 잘못하여 그 시대와 국가가 받는 피해를 잘 알고 있을 것입니다. 잘못된 교사 한 사람으로 말미암아 얼마나 많은 학생이 잘못 배우게 되는지를 알 수 있을 것입니다. 마찬가지로 이 세상을 향한 하나님의 복의 통로인 우리가 그 일을 제대로 하지 못하면 하나님이 얼마나 안타까워하시겠는가 생각하며 지금 우리가 감당하지 못하고 있는 책임이 무엇인지 돌아볼 필요가 있습니다. '너희 중에 두 사람이 합심하여 기도하면 하나님이 들어주신다'라는 말씀을 기억하기 바랍니다.

질문

1. 마태복음 18장 본문에서 말하는 '너희'는 누구입니까?

2. 야고보서 4장은 기도해도 응답받지 못하는 이유를 무엇이라고
   설명합니까?

3. 합심하여 기도하기 위해 생각해야 할 점은 무엇입니까?

적용

우리 교회가 간구해야 할 정당한 기도 제목은 무엇인지 함께 나
누어 봅시다.

06

그리스도로 말미암아

———— 16 또 십자가로 이 둘을 한 몸으로 하나님과 화목하게 하려 하심이라 원수 된 것을 십자가로 소멸하시고 17 또 오셔서 먼 데 있는 너희에게 평안을 전하시고 가까운 데 있는 자들에게 평안을 전하셨으니 18 이는 그로 말미암아 우리 둘이 한 성령 안에서 아버지께 나아감을 얻게 하려 하심이라 (엡 2:16-18)

하나님 앞에 나아가는 특권

에베소서는 하나님이 우리에게 열심과 집념을

가지고 능력을 베푸셔서 우리를 당신의 자녀로 삼으셨으며 영광의 자리에 이르도록 이끄실 것이라고 이야기합니다.

그 때에 너희는 그 가운데서 행하여 이 세상 풍조를 따르고 공중의 권세 잡은 자를 따랐으니 곧 지금 불순종의 아들들 가운데서 역사하는 영이라 전에는 우리도 다 그 가운데서 우리 육체의 욕심을 따라 지내며 육체와 마음의 원하는 것을 하여 다른 이들과 같이 본질상 진노의 자녀이었더니 긍휼이 풍성하신 하나님이 우리를 사랑하신 그 큰 사랑을 인하여 허물로 죽은 우리를 그리스도와 함께 살리셨고 (너희는 은혜로 구원을 받은 것이라) 또 함께 일으키사 그리스도 예수 안에서 함께 하늘에 앉히시니 (엡 2:2-6)

하나님은 예수 그리스도의 피, 곧 그의 십자가를 통하여 '본질상 진노의 자녀'였던 우리를 하늘 보좌 우편에 앉히셨습니다. 에베소서 2장 18절에서 보듯 예수 그리스도로 말미암아 유대인과 이방인, 곧 모든 인류가 한 성령 안에서 하나님에게 나아가게 되었습니다. 이렇게 하나님의 자녀가 되어 그분에게 나아가는 특권을 우리는 얼마나 누리고 있는가를 가늠하게 하는 것이 바로 기도입니다. 기도를 얼마나 제대로 누리고 있는가가 우리의 신앙 수준을 보여 줍니다.

기도에 대해 제대로 이해하기 위해서는 에베소서 2장 18절에 담긴 뜻을 먼저 생각해 보아야 합니다. 기도는 하나님에게 나아가는 씨름인데, 이 씨름이 가능한 것은 하나님에게 나아가는 길이 열려 있기 때문입니다. 아버지에게 나아간다는 것은 거리나 장소의 차원을 말하는 것이 아닙니다. 그분과 관계를 맺고 그분과 교제하며 어떤 일을 그분과 같이 하는 것을 의미합니다. 문제를 같이 상의하며 함께하는 것입니다.

기도는 하나님과의 관계에서 생겨난 부산물이라고 할 수 있습니다. 하나님을 아버지라고 부를 수 있는 자격과 신분 때문에 생겨난 것입니다. 관계가 정당하고, 이 관계가 깨어지지 않는 한 기도라는 부산물은 늘 따라옵니다.

요한복음 15장 5절에는 관계를 잘 표현해 주는 비유가 나옵니다. '나는 포도나무요 너희는 가지라 그가 내 안에, 내가 그 안에 거하면 사람이 열매를 많이 맺나니' 이 구절만큼 관계의 긴밀함을 적절히 비유해 주는 표현도 아마 없을 것입니다. 열매는 가지에 맺힙니다. 누가 열매를 맺는 것일까요. 가지입니까, 나무입니까? 열매를 맺는 것은 나무입니다. 나무가 생명의 근거입니다. 열매는 생명 현상으로 나무가 맺는 것입니다. 다만 그 결실이 가지 끝에 매달리는 것뿐입니다.

기도도 마찬가지입니다. 우리와 하나님의 관계가 제대로 형성되어 있고 제대로 유지되는 한, 열매는 저절로 열립니다. 우리가 요구하는 내용이 이 관계를 방해하는 것이 아니라면, 우리의 기도는 당연히 응답될 수밖에 없습니다. 포도나무에 달린 가지가 나무더러 "나에게 사과를 달아 주십시오"라고 요구한다면, 나무는 그런 요구를 들어줄 수는 없을 것입니다.

　'그리스도로 말미암아 우리 둘이 한 성령 안에서 아버지께 나아감을 얻게 되었다'라는 말씀은 우리 신분이 예수 그리스도와 성령으로 말미암아 확보되었음을 확인시켜 주고 있습니다. 예수님은 우리를 죄에서 구하여 새 생명을 얻게 하시며 하나님의 영광스러운 자녀로 삼기 위해서 이 땅에 오셨습니다.

　예수님의 사역에는 소극적 면과 적극적 면이 있습니다. 형벌과 저주와 진노의 자리에 있던 우리가 그것을 면하게 되었다는 것이 소극적 면이라면, 적극적 면은 우리가 이제 영광의 자리, 복의 자리에 들어가게 되었다는 것입니다. 기도는 이 적극적 면과 관련된 주제입니다. 베드로전서 3장을 봅시다.

그리스도께서도 단번에 죄를 위하여 죽으사 의인으로서 불의한 자를 대신하셨으니 이는 우리를 하나님 앞으로 인도하려 하심이라 육체로는 죽임을 당하시고 영으로는 살리심을 받으셨으니

(벧전 3:18)

예수 그리스도께서 죽으신 것은 우리를 하나님 앞으로 인도하기 위해서였습니다. 우리가 기도하면서도 확신이 없는 이유는 그리스도께서 우리를 하나님 앞으로 인도하기 위해 죽으셨다는 사실을 자주 잊기 때문입니다. 우리는 하나님에게 기도하면서도 하나님이 우리의 기도를 들어주실 만한 분이 아닐 것이라고 생각할

때가 많습니다.

자기 치장일 수 없는
회개기도

한편, 우리의 회개기도는 어떻습니까. 우리는 기도할 때 회개로 시작할 때가 많은데, 이것이 성경의 본래 의도와 다르게 우리 신앙에 역효과를 낼 때가 많습니다. 자신을 겸손과 겸양의 모습으로 치장하다가 그리스도의 구속 사역을 과소평가하는 잘못을 범하기 때문입니다.

하나님과의 긴밀한 교제는 하나님에게 나아갈 수 있는 조건을 우리가 충족시켰기 때문에 이루어진 것이 아니라 예수님이 흘리신 피로 말미암은 것이라고 성경은 강조합니다. 그런데도 우리는 스스로 겸손하다는 것을 강조하기 위해서 우리의 실수와 죄악을 세세하게 나열합니다. 그리스도가 십자가에서 이미 이루신 일로는 해결이 안 되는 문제처럼 말입니다. 그래서 그리스도의 공로를 기억하지 못하는 데에 이르기도 합니다. 우리를 닦아 내느라 하나님 앞에서 마땅히 누려야 할 교제를 누리지 못하는 것입니다.

한국 사람들은 겸양지덕謙讓之德을 가장 으뜸가는 미덕으로 여기는 경향이 있어서 "그래. 너 잘났어!", "저 친구, 왜 저렇게 설쳐!"와 같은 말을 들으면 그때부터는 아무 일도 못합니다. 교회에서는 이런 말이 "당신, 좀 교만한 것 같아!"라고 표현됩니다. 이런 말을 들으면 우리는 안절부절못합니다. 남들이 나를 교만하게 볼까 봐 신자로서 가져야 할 신앙의 담대함과 적극성을 스스로 삼가게 됩니다.

제 친구 중에 신앙이 돈독한 이가 있었습니다. 전도도 열심히 하고 사람들을 성실하게 양육하다가 어느 날 큰 시험에 들었습니다. 자기 동료로부터 "너는 너무 교만한 것 같아. 설치고 다니면서 모든 사람을 너 혼자서 다 구원하려고 하냐? 네가 뭐 예수님이라도 되냐?"라는 말을 들었기 때문입니다. 그 말은 목에 걸린 생선 가시처럼 되어 그 친구는 늘 어쩔 줄 몰라 했습니다. 매일 울면서 회개하고 또 회개했습니다. 그런데 회개할 것이 더 이상 없는 것입니다. 바로 이 점이 그를 더욱 당혹스럽게 했습니다. 제가 보기에도 그 친구는 결코 교만한 사람이 아닙니다. 그런데 동료에게 그 말을 들은 다음부터는 한사코 자신이 교만했다고 우깁니다. 회개하고 회개하고 또 회개해도 끝이 없습니다.

그러나 이것은 과도한 자기반성 때문에 생겨난 문제여서 아무리 씻고 씻어도 진정한 평안은 얻을 수 없습니다. 그러던 어느 날 이 친구가 어떤 권면을 듣고 문제가 해결되었습니다. "교만이라는 죄를 짓지 않기 위해서 하나님의 일을 그만두는 것보다 교만해서 하나님의 일을 더 잘할 수 있다면 차라리 교만한 것이 더 낫지 않겠는가!" 하고 누군가 이야기했던 것입니다.

이 말이 무슨 뜻인지 잘 헤아려 보기 바랍니다. 교만해서 하나님에게 이익이라면 차라리 교만해지는 것을 택하십시오. 우리는 하나님이 원하시는 것이 무엇인지를 생각하느라 바쁜 것이 아니라 자기 치장에 바쁜 사람들입니다. 회개와 겸손을 내세우지만 그것은 결국 자기 자신을 맴도는 것일 뿐입니다. 자기에게 매여 있느라 참된 확신의 자리까지 나아가지 못하는 것입니다.

그 자체로 특권인
기도

기도하는 것이 그 자체로 얼마나 큰 특권인가를 잊지 말아야 합니다. 우리가 하나님을 아버지라고 부를 수 있는 관계 때문에 우리의 모든 문제는 이미 해결된 것입니다. 다만 응답을 누리게 되기까지 시간이 걸릴 뿐입니다. 아버지가 행하시는 일을 우리가 알아보기까지 걸리는 시간 말입니다.

길에서 불량배를 만나 급히 공중전화 부스로 달려가 아버지에게 전화한다고 해 봅시다. "아버지, 큰일 났습니다. 제가 불량배를 만났습니다." 아버지가 묻습니다. "뭐라고? 거기가 어디냐? 잠깐 기다려라. 십 분이면 된다." 그 십 분 동안 불량배는 살기가 등등합니다. 십 분이 지나자 공수특전단이 단단히 무장한 채 헬리콥터에서 내려옵니다. "어떤 놈이 감히 우리 사령관의 귀하신 아들을 희번덕거리며 쳐다보느냐!"라고 외치고서는 그 불량배를 단번에 제압해 버립니다.

그런데 우리는 그 십 분을 기다리지 못하는 것입니다. 방금 전화하고서 수화기를 놓자마자 응답이 오지 않는다고 불평하는 것과 같습니다. 전화기 뒤에 숨어서 공중전화 부스가 흔들릴 정도로 떨고 있습니다. 드디어 공수특전단이 도착했는데, 어느 쪽이 사령관의 아들이고 어느 쪽이 쳐부수어야 할 적인지 구별이 안 됩니다. 아들이 보여 줄 수 있는 담대함이 전혀 드러나지 않았기 때문입니다.

기도하는 것 자체가 특권입니다. 여기에는 이런 메시지가 담겨 있습니다. 나는 예수 그리스도로 말미암아 취소될 수 없는 하나님의 자녀라는 신분을 갖고 있다, 내가 드린 간구와 기도에 응답하시는 분은 천지 만물을 지으신 하나님이시다, 이것으로 우리가 처한 어려움의 대부분은 해결됩니다. 이렇게 기도는 그 자체가 복이요 특권이요 상급입니다.

권총을 든 사람과 칼을 든 사람이 마주 보고 싸운다면 당연히 권총을 든 사람이 이깁니다. 그런데도 권총을 든 사람이 그것을 돌멩이로 착각하여 한 번 던지고 끝내 버린다면 얼마나 어이없는 일이겠습니까. 우리는 기도의 특권을 그런 식으로 사용하고 말 때가 참 많습니다.

성경은 기도의 특권을 이렇게 가르칩니다. 레위기는 제사 제도에 관해서 기록한 책인데, 레위기를 보면 하나님이 명하신 제사는 잘못 드리면 큰일 난다고 되어 있습니다. 엄격한 규칙을 따라 시행해야 합니다. 아무나 제물을 가지고 성소에 들어갈 수 없습니다. 제사장이라는 특별히 구별된 사람이 필요합니다. 제사장은 옷에 피를 뿌려서 정결케 해야 합니다. 옷도 복잡하게 입습니다. 세마포를 입고 관을 쓰고 구별된 치마를 입어야 합니다. 또 그렇게 구별된 사람이더라도 지성소에는 함부로 들어갈 수 없습니다. 제사장 중에서도 더욱 구별된 한 사람인 대제사장만 일 년에 단 하루 들어갈 수 있습니다. 일 년에 한 번 속죄 제물의 피를 가지고 지성소에 들어갑니다. 그런데 지성소에 들어간 대제사장은 제사 중에 잘못하면 죽을 수도 있는데, 이때 대제사장의 생사 여부를 알기 위해 그가 입은 치마 끝에는 방울이 달려 있습니다. 방울 소리가 나지 않으면 죽은 것입니다. 그가 죽어도 거기에 들어가서 그 시신을 꺼내지 못하고 밖에서 끄집어내야 합니다. 지성소에는 아무나 들어갈 수 없기 때문입니다.

그런데 그런 지성소 안에, 영광스런 하나님의 면전에 우리는 예수 그리스도와 성령으로 말미암아 담대히 들어갈 수 있게 되었습니다. 구약의 제사장처럼 복잡한 예식을 행할 필요가 없습니다. 반드시 무릎을 꿇고 고개를 숙여야만 하는 것도 아닙니다. 아무 때나 "아버지!"라고 부르면 됩니다. 그러면 하나님이 "왜 그러느냐, 나의 아들아, 나의 딸아"라고 응답하십니다. 그런 지위에 있는 것이 바로 우리입니다. 그런 우리에게 허락된 것이 기도입니다.

이런 기도의 특권을 모르고 기도하니, 권총을 들고 있으면서도 총보다 칼이 낫다고 우기는 꼴로 살고 있습니다. 권총의 위력을 모르니 권총이 아무 짝에도 쓸모없게 된 것입니다.

기도는 예수 그리스도께서 우리로 하나님 앞에 담대히 나아가게 하기 위하여 십자가에서 피 흘려 죽으셔서 우리에게 주신 특권입니다. 기도라고 특별히 거창하게 생각할 것도 없습니다. 기도는 "아버지!"라고 부를 수 있는 우리의 신분에 저절로 따라오는 권리이자 무기입니다.

그런데도 왜 우리는 늘 자신이 없을까요. 수화기를 놓자마자 번개같이 답이 오지 않는다고 조마조마해하며 불안에 떨지 마십시오. 하나님이 우리에게 응답하시지 않는 일은 없습니다. 우리는 하나님이 기억하시고 있는 존재입니다. 하나님은 우리를 만세 전에 예정하신 분이요, 우리는 그분이 지명하여 부르신 자녀입니다. "여인이 어찌 그 젖 먹는 자식을 잊겠으며 자기 태에서 난 아들을 긍휼히 여기지 않겠느냐 그들은 혹시 잊을지라도 나는 너를 잊지 아니할 것이라"(사 49:15). 우리는 이 약속을 받은 자녀요 잊힐 수도 없고 포기될 수도 없는 그분의 백성이라는 사실을 기억하십시오. "아버지!"라는 그 한마디를 부를 때마다 예수 그리스도께서 확보해 주셔서 오늘도 지속되는 하나님의 자녀라는 신분과 특권과 영원한 운명을 누리기 바랍니다.

질문

1. 기도하면서도 확신을 가지지 못하는 이유는 무엇입니까?

2. 잘못된 회개기도는 결국 누구에게 매인 것입니까?

3. 기도라는 특권은 우리에게 어떻게 주어지게 되었습니까?

적용

하나님을 아버지라고 부르는데도 살면서 조마조마할 때가 있다면 언제인지 나누어 봅시다.

07

한
성
령
안
에
서

──────── **18** 이는 그로 말미암아 우리 둘이 한 성령 안에서
아버지께 나아감을 얻게 하려 하심이라 (엡 2:18)

기도의
어려움

기도는 하나님에게 나아가 그분을 만나는 행위
입니다. 그러나 많은 신자가 '하나님 아버지에게 나아감을 얻었
다'라는 말씀에 담긴 깊은 의미는 잘 알지 못합니다. 그 말에 전제
되어 있는 조건을 모르기 때문입니다.

본문은 우리가 하나님에게 나아가는 데 필요한 두 가지 조건을 제시합니다. 하나는 '그' 곧, 예수 그리스도로 말미암아 나아가야 한다는 것이고, 다른 하나는 '한 성령 안에서' 나아가야 한다는 것입니다. 이 사실을 알고 기도하는 것과 모르고 기도하는 것은 매우 다릅니다. 예수님과 성령님으로 말미암지 않고 하나님을 아버지라고 부른다면 그것은 사기일 것입니다.

우리는 6장에서 '예수 그리스도로 말미암아 나아간다'라는 말의 의미에 대해 살펴보았습니다. 여기서는 '성령 안에서 나아간다'라는 말이 무슨 뜻인지 살펴보려고 합니다.

기도는 어렵습니다. 그 이유는 여러 가지이겠으나, 그 가운데 하나는 기도할 때에 하나님의 임재를 인식하는 것이 어렵다는 데 있습니다. 때로는 기도가 마치 허공을 치는 것 같습니다. 듣는 사람 하나 없이 주절거리는 독백같이 여겨질 때도 있습니다. 내 기도를 정말 하나님이 듣고 계시는지 확신이 서지 않습니다.

친구와 이야기할 때는 그렇지 않습니다. 친구는 내 눈에 보이니 이런저런 말을 주고받을 수 있습니다. 친구가 내 이야기를 잘 들어 주면 감동이 되기도 하고, 또 어떤 때는 괜한 말을 했나 싶어 후회하기도 합니다. 그럴 때는 전화를 걸어서 "야, 오늘 한 이야기는 못 들은 걸로 해라"라고 수습해 볼 수도 있습니다.

그러나 하나님에게 기도한 후에는 하나님이 과연 내 기도를 들으셨는지 확신이 서질 않습니다. 내가 기도할 때에 과연 그분이 정말 함께 계셨는지를 분명히 인식할 수 없기 때문입니다. 그래서 기도하려는 열정이 약해지기도 하고, 기도의 방향을 슬쩍 바꿔 보기도 합니다. 하나님 앞에 하는 호소에서 스스로를 부추기는 구호로 기도를 바꿉니다.

우리는 믿음에 대해서도 그렇게 생각합니다. 기독교가 말하는 믿음은 나 자신과의 싸움이 아닙니다. 믿음의 대상에 대한 싸움입니다. 내가 믿는 그분이 나의 문제를 의탁해도 좋을 분인가에 대해 알아 가는 싸움이지, 어떤 일에 직면했을 때 그 문제가 잘 해결되도록 내가 얼마나 열심히 소원하는가의 문제는 아닌 것입니다.

누군가 믿음에 대해 이렇게 말하는 것을 들은 적이 있습니다. 어떤 문제가 해결될 것이라고 믿어지지 않거든 마음을 다해 진지하고 간절하게 수백 번 소리 내어 믿는다고 말하면 모든 의심이 사라진다는 것입니다. "주여, 저는 진실로 이 일이 될 줄로 믿습니다. 그리고 제가 이것을 진실로 믿게 될 것 또한 믿습니다."

수백 번 되뇌면 정말 의심이 사라질까요. 같은 말을 수백 번 되뇌다 보면 지금 몇 번째 말하는 것인지도 헷갈릴 뿐더러 자신이 무엇 때문에 이렇게 반복하는지조차 잊어버리게 됩니다. 이런 일은 사람의 이성을 마비시키는 세뇌이지 믿음의 행동이 아닙니다.

기도도 마찬가지입니다. 기도란 우리가 하나님에게 나아가 어떤 간구를 하고 그분의 응답을 기다리는 싸움입니다. 하나님이 우리 믿음의 대상으로 계신다는 것이 기도에서는 가장 중요합니다. 그러나 우리는 믿음의 대상인 하나님은 제쳐 놓고 자신의 요구사항과 절실함에 취해 스스로 감격하느라 제대로 된 기도를 하지 못할 때가 많습니다. 마치 상대방은 전혀 고려하지 않은 채 자기 기분에만 몰두하여 멋대로 편지를 써 놓고는 이렇게 말하는 것과 같습니다. "이 편지를 읽고도 울지 않는 사람이 있다면, 그 사람은 정말 인간도 아니다!" 기도할 때에도 이런 식으로 자신의 생각과 요구에만 골몰하다 보면 하나님에게 초점을 맞추기가 어렵습니다. 이런 어려움이 생기는 것은 하나님의 임재를 인식하는 일이 쉽지 않기 때문입니다.

기도가 어려운 또 다른 이유는 집중하기가 쉽지 않다는 데에 있습니다. 기도를 하면서도 우리의 생각은 모였다 흩어지기를 반복합니다. 그래서 잘 집중해 보려고 큰 소리를 내어 기도하기도 합니다. 그러나 큰 소리로 기도한다고 해결될 일이 아닙니다. 소리 내는 것 따로, 생각하는 것 따로일 때가 많습니다. 내 마음의 시선이 하나님을 향하지 못하고 내가 생각하는 것, 내가 요구하는 것 쪽으로만 생각이 달려갑니다.

이렇게 여러 가지 이유로 기도하기가 어려워 우리는 자꾸 마음속으로 묻게 됩니다. 내가 이런다고 하나님이 들어주실까, 하나님이 나 같은 것의 기도에 관심이나 있을까, 이런 불안한 생각은 꼬리에 꼬리를 물어 결국 기도를, 하나님의 사랑을 떠보는 마지막 시험대처럼 여기게 됩니다. 만일 이 기도가 응답되면 하나님이 나를 사랑하시는 것으로 여기고, 응답되지 않으면 나는 희망이 없다고 하는 식입니다. 마치 불신자가 하는 생각 같습니다.

역사하시는
성령

기도를 방해하는 것 같은 이런 문제는 어떻게 해결하면 좋을까요. 먼저 우리가 기억해야 하는 것은 기도는 기도하는 사람 혼자만의 싸움이 아니라는 것입니다. 기도를 할 수 있는 것은 성령님의 역사가 있기 때문입니다.

어떤 사람에게 하나님에 대한 인식이 있다면 그 사람은 구원받은 사람입니다. 신자와 불신자의 가장 큰 차이는 영적 감각의 유무에 있습니다. 신자는 끊임없이 하나님을 염두에 두며 살지만 불신자에게는 영적 감각이 없습니다. 불신자는 하나님과 그분이 주시는 생명과 진리에 대해서 무관심하며, 설령 알게 되더라도 무가치하게 여깁니다.

신자인 우리는 하나님을 알며, 하나님만이 주실 수 있는 것에 관심을 가집니다. 왜 그럴까요? 우리 안에 성령님이 계시기 때문입니다. 우리에게 성령님이 계시기에 우리가 하나님의 뜻을 거스르는 길로 가고자 할 때마다 마음에서 거부감이 느껴지는 것입니다. 성령님이 우리 속에서 역사하시는 것입니다. 이처럼 기도할 때에도 성령님이 우리 안에서 역사하십니다.

성령님이 내 안에, 내가 성령님 안에 있기에 우리는 기도할 수 있습니다. 기도는 흉내 낼 수 있는 것이 아닙니다. 하나님에게 나아가지 않고서는 견딜 수 없는 영적 갈급함이 있을 때에 가능한 일이기 때문입니다. 성령님이 우리 안에 그러한 갈급함을 창조하시고 우리에게 도전을 주시며 우리로 하여금 하나님 앞에 나아가도록 이끄시기에 기도할 수 있습니다.

그렇게 해서 하게 된 기도는 표현이 다양합니다. 때로는 "하나님, 제가 오늘 주일 안 지키고 놀러 나왔다고 해서 화내시지는 않을 거죠?"라고 자녀가 부모에게 응석 부리듯 기도할 수 있습니다. 심지어 "하나님, 도대체 계시기나 한 거예요? 하나님 안 계신 거죠, 그렇지요?"라고 항의하는 기도를 할 수도 있습니다. 그런 응석이나 절규조차도 그것이 하나님 앞에 하는 말이라면 성령님이 우리 속에서 일하시고 있기에 가능한 것입니다. 성령님은 우리를 하나님에게로 붙들어 가는 일을 하십니다. 그러니 기도의 표현이 어떻든 그것이 하나님을 향해 있다면, 이는 성령님의 역사인 것입니다.

성령님의 중요한 사역은 우리가 영적으로 벌거벗은 자임을 보여 주시는 것입니다. 어느 누구도 자신이 가난하고 궁핍하고 굶주려 있다는 것을 깨닫지 않고서는 남에게 도움을 요청할 수 없습니다. 성령님은 우리가 얼마나 가난한 자인지 깨닫게 하십니다. 성령님이 함께하실 때에 우리는 자신이 하나님에게 도움을 요청할 수밖에 없는 존재임을 알게 됩니다. 세상의 기준으로는 답답할 것이 전혀 없는데도 영적 갈증을 느끼고 있다면 이는 성령님이 함께하시는 증거입니다.

이런 맥락에서 기도는 '의에 주리고 목마른 자'가 되어 가는 싸움입니다. 우리가 영적으로 얼마나 벌거벗었고 가련한지를 기도하면서 깨닫게 됩니다.

그런데도 우리가 하는 기도는 고작 이런 식입니다. "하나님, 수능이 며칠 안 남았는데, 제 아들은 공부도 안 하고 놀러 나갔습니다. 주여, 꿈에 답안지라도 보여 주셔야 되겠습니다. 제 아이가 대학에 못 들어가면 교회에 얼굴을 들고 다닐 수가 없습니다. 구역 식구들 보기도 민망합니다. 그러니 이 기도를 안 들어주시면 저 앞으로 교회에 안 나가는 수가 있습니다. 그러니 제발 도와주시옵소서!"

그리고 나서 아이가 꿈을 꾸었는데 답안지가 눈앞으로 휙 지나갑니다. "나가라. 나가라. 다 나가라. 나가라. 나가라. 다 나가라." 외우기도 얼마나 좋습니까? 그래서 수능에서 만점을 받아 옵니다. 방송국에서 기자들이 몰려와 서로 인터뷰하겠다고 합니다. "어떻게 이런 좋은 성적을 거두었습니까?" "네, 다 제 어머니가 기도하셨기 때문입니다. 저는 어렸을 때부터 지금까지 교회 말고는 다른 곳에 가 본 적이 없습니다. 제가 아는 것은 성경과 찬송가뿐입니다." "아니, 그런데도 어떻게 수능에서 만점을 받을 수 있었나요?" "모든 것이 하나님의 은혜이지요."

물론 하나님이 이런 기도를 통해서 일하시기도 하지만 기도가 이런 내용뿐이라면 불행한 일입니다. 거기에는 바른 신앙이 담겨 있지 않기 때문입니다. 인생의 문제는 결코 이런 식으로 해결될 수 없습니다. 우리는 바른 기도를 통해 더 궁극적이고 본질적인 데로 나아가야 합니다.

꿈에서 본 답안지로 엉겁결에 수능 만점을 받은 이 학생이 대학 졸업 후 사업을 시작하게 되었습니다. "하나님, 제가 이번에 무역회사를 열게 되었습니다. 회사를 강북에 차릴까요, 강남에 차릴까요? 수입 물품을 의류로 할까요, 아니면 식품으로 할까요? 답을 주옵소서." 그랬더니 꿈속에서 하나님이 또 나타나 답을 주십니다. 그런데 이 답은 지난 번 수능 때 답과 똑같습니다. "나가라. 나가라. 다 나가라." "아니, 하나님, 또 나가라. 나가라. 다 나가라고 하시면 어떡합니까?"

하나님은 단지 이런 문제에 대한 해법을 얻는 정도로 우리에게 기도를 허락하신 것이 아닙니다. 물론 신앙이 미숙할 때에는 이런 문제에서 기도를 시작할 수도 있습니다. 그러나 기도의 궁극적 목표는 하나님이 누구시고, 그분의 능력이 어떠하며, 우리에게 목적하시는 바가 무엇인지를 우리로 깨닫게 하는 데에 있습니다.

이를 위해서 성령님은 우리에게 이런 기도를 하게 하십니다. "아버지, 저는 가난한 사람입니다. 긍휼을 허락하옵소서. 불쌍히 여기옵소서. 이 죄인이, 이 무익한 종이 주 앞에 엎드리옵니다." 성령님은 우리의 영적인 눈을 뜨게 하십니다. 세상의 기준으로 볼 때에는 배운 자요, 잘난 자요, 모자랄 것이 없는 자요, 행복하기 그지없는 자이지만, 하나님 앞에서는 가난한 자에 불과하다는 것을 보게 하십니다.

성령을 따라 구하지 않으면 우리는 자신의 가난함은 보지 못하고, 끊임없이 세상의 문젯거리만 들고 하나님 앞에 가게 됩니다. 예수님은 성전에서 흥정하는 장사꾼들을 쫓아내시며 이렇게 꾸짖으셨습니다. "너희가 어찌하여 하나님의 집을 강도의 굴혈로 만드느냐?" 우리도 그 장사꾼들처럼 하나님에 대한 관심은 외면한 채 먹고사는 문제만을 하나님에게 들고 나가 '천국 증권거래소'를 만들고 있지는 않은지 돌아보아야 합니다.

우리 안에 계시는 성령님은 세상의 문제를 해결하기 위해 와 계신 분이 아닙니다. 그분은 우리의 기도를 기도답게 하시는 분입니다. 그분이 깨닫게 하셔서 비로소 우리는 자신의 궁핍과 어려움을 봅니다. 그리고 하나님이 가지신 부요와 영광과 능력을 보게 됩니다. 하나님은 후히 주시는 분이라는 사실을 알게 하시며, 믿는 자에게 능치 못할 것이 없음을 깨닫게 하십니다.

성령이 인도하시는
기도

우리가 성령님의 인도하심을 받으면, 하나님과 우리 사이의 간격을 보게 됩니다. 그분의 영광스러움과 거룩하심과 의로우심을 알게 되고 그와 전혀 어울리지 않는 추악한 자신과 감히 그분 앞에 나아갈 수 없는 초라한 현실을 인식하게 됩니다. 이 일이 그리스도로 말미암아 우리가 성령 안에서 하나님에게 나아갈 때 일어나는 일입니다.

기도하면 하나님과 우리 사이의 간격을 깨닫게 되지만, 기도로 이 간격을 메울 수 있는 것이 아닙니다. 우리의 회개가 이 간격을 메울 수는 없습니다. 주께서 이미 메워 놓으셨습니다. 그렇게 주님이 하신 일 위에 비로소 우리의 간구가 드려질 수 있는 것입니다. 하나님, 내가 누군지 보게 하시며 하나님의 영광을 보게 하옵소서, 하나님과 나 사이의 이 큰 간격을 십자가로 메워 주신 주의 은혜를 알게 하소서, 내가 그리스도로 말미암아 이미 주 앞에 당당하게 들어갈 수 있는 존재가 된 것을 확인하게 하소서, 라는 기도를 할 수 있게 되는 것입니다.

그런데도 우리는 처음부터 징징거리고 우는 것으로 기도를 시작합니다. 울면 하나님이 시끄러워서라도 응답하시지 않겠는가 하는 착각에 사로잡혀 있습니다. 기도는 하나님 앞에 나아가는 일인데도, 예수님도 성령님도 하나님도 중요하지 않고 나와 내 기도 제목만 중요하다고 소리치는 것입니다.

우리는 아직도 다리 밑에 거적을 깔고 드러누워 하나님은 저 멀리 계시는 것처럼 힘껏 소리칩니다. 하나님이 귀찮아서라도 응답하시고, 우리의 열심에 감복하여 우리의 소원을 들어주시도록 간구해야 한다고 오해합니다. 이것은 올바른 기도의 태도가 아닙니다. 우리는 이미 그분의 자녀가 되었기 때문입니다. 그 앞에 나아가는 특권을 받은 자들입니다. 물론 우리의 모습과 필요를 아는 것은 중요합니다. 그러나 자신에게 매여 있느라 예수 그리스도께서 우리를 위해 행하신 일을 염두에 두지 않는다면 이는 기독교와 아주 거리가 먼 모습입니다.

우리는 예수 그리스도로 말미암아 기도할 수 있는 특권을 얻게 되었습니다. 당당하게 그 지위와 특권을 누리십시오. 성령님이 지금도 우리 안에 거룩하고 의로우며 순결한 것을 간구하게 하십니다. 그것을 잊지 마십시오. 성경에 근거한 정당한 기도가 우리 안에서 나올 수 있도록 거룩한 습관을 들이십시오. 어떻게 우리가 하나님에게 기도할 수 있는 자가 되었는지를 잊지 마십시오. 또 우리의 기도는 언제나 성령에 붙잡혀서 하는 간구라는 점을 기도할 때마다 기억하십시오.

성령에 의한 기도란, 나는 비몽사몽간에 있고 성령님이 혼자서 하시는 기도를 말하는 것이 아닙니다. 그분의 인도하심을 받아 영적인 눈을 똑바로 뜨고 제정신으로 드리는 기도, 하나님 앞에 부름 받은 신자의 자리에서 드리는 정당한 간구를 말합니다. 이 특권을 놓치지 마십시오.

질문

1. 기도할 때 하나님의 임재를 인식하기 어려우면 기도가 어떤 방향으로 잘못될 수 있습니까?

2. 기도는 기도하는 사람 혼자만의 싸움이 아닙니다. 기도에는 무엇이 전제되어 있습니까?

3. 성령이 인도하시는 기도에 대해 설명해 봅시다.

적용

성령의 인도하심을 받는다면 기도가 현실적 필요를 구하는 수준을 넘어서 어떻게 바뀔지 생각해 봅시다.

구해야 하는 것

08

7 구하라 그리하면 너희에게 주실 것이요 찾으라 그리하면 찾아낼 것이요 문을 두드리라 그리하면 너희에게 열릴 것이니 8 구하는 이마다 받을 것이요 찾는 이는 찾아낼 것이요 두드리는 이에게는 열릴 것이니라 9 너희 중에 누가 아들이 떡을 달라 하는데 돌을 주며 10 생선을 달라 하는데 뱀을 줄 사람이 있겠느냐 11 너희가 악한 자라도 좋은 것으로 자식에게 줄 줄 알거든 하물며 하늘에 계신 너희 아버지께서 구하는 자에게 좋은 것으로 주시지 않겠느냐 12 그러므로 무엇이든지 남에게 대접을 받고자 하는 대로 너희도 남을 대접하라 이것이 율법이요 선지자니라

(마 7:7-12)

아버지에게 하는
기도

기도에 관하여 사람들이 제일 관심을 갖는 주제는 '어떻게 하면 기도 응답을 받을 수 있는가?'일 것입니다. 그래서 간절히 기도해도 응답을 받지 못하면, 기도하는 방법이 잘못된 것일까, 기도할 때 어디가 잘못되었던 것일까, 하고 되돌아보곤 합니다. 대개 이런 생각은 기도에 대한 오해에서 비롯합니다. 기도를 마치 기계를 조작하는 방법 정도로 생각하기 때문입니다.

기도는 무엇을 얻어 내기 위한 기법으로서 허락된 것이 아닙니다. 신자에게 기도는 이미 확보된 신분과 관련된 행위입니다. 하나님 앞에 나올 자격이 있음을 표시하는 것입니다. 따라서 기도다운 기도를 하려면 하나님과 우리의 관계에 대한 이해가 앞서야 합니다.

예수님은 마태복음 7장에서 기도를 가르쳐 주시면서 이런 예를 드셨습니다. "아들이 떡을 달라는데 돌을 주고 생선을 달라는데 뱀을 줄 부모가 있겠느냐? 악한 자라도 자식에게 좋은 것으로 주고자 하지 않겠느냐?" 예수님이 이런 예를 드신 것은 우리가 하나님과 부자지간父子之間이기 때문입니다. 하나님과 우리의 떼려야 뗄 수 없는 이런 관계야말로 기도 응답과 관련된 문제를 이해하는 데에 놓쳐서는 안 될 중요한 토대입니다.

자녀가 부모한테 무엇을 요구하는 것은 당연한 일입니다. 정상적 부모라면 자녀의 정당한 요구에 언제나 반응합니다. 그러니 자녀가 부모에게 정당한 것을 요구했는데도 부모가 들어주지 않으면 오히려 이상한 것입니다. '내가 정당한 것을 요구했다면 아버지는 당연히 들어주시려고 하였을 것이다. 그런데 지금 들어주시지 않는 것을 보니 내 요구가 잘못된 것이었나 보다' 하고 생각해야 맞습니다. 기도에 관해서도 이런 식으로 생각해야 합니다. 하나님은 내 기도를 들어주시는 분인데 왜 응답해 주시지 않을까, 무엇이 문제일까, 혹시 하나님이 이런 간구를 기뻐하시지 않는 것은 아닐까?

우리가 기도한 대로 응답되는 기도도 있고 응답되지 않는 기도도 있습니다. 하나님은 우리의 모든 기도를 다 들어주시지는 않습니다. 그분은 선하신 하나님이기 때문입니다. 우리는 기도한 대로 응답되면 오히려 우리에게 해가 되는 소원인 줄도 모르고 기도할 수 있습니다. 아버지이신 하나님이 어떻게 그런 기도를 들어주시겠습니까.

하나님은 우리가 기도하면 반드시 응답하셔야만 하는 기계가 아닙니다. 하나님은 당신의 자녀를 사랑하시고 인격적으로 대우하시는 분이기에 때로는 자녀들의 간구에 응답하시지 않는 것입니다. 그러니 기도가 응답되지 않을 때에 어떤 특별한 방법을 사용하지 않아서 그런 것이라고 생각한다면, 이는 기도를 하나의 주문처럼 생각하는 것이며 하나님을 기계같이 취급하는 것입니다.

예수님의 이름으로 하는 기도

많은 사람이 기도에 관한 성경 말씀을 오용합니다. 대표적 구절을 봅시다.

너희가 내 이름으로 무엇을 구하든지 내가 행하리니 이는 아버지로 하여금 아들로 말미암아 영광을 받으시게 하려 함이라 내 이름으로 무엇이든지 내게 구하면 내가 행하리라 (요 14:13-14)

보통 우리는 "예수님의 이름으로 기도합니다"라고 기도를 끝마치는데, 이 말씀이 그 근거입니다. 여기서 '내 이름' 곧 예수님의 이름으로 구하라는 것은 우리의 신분이 무엇인지 확인하라는 말씀입니다. 예수 그리스도의 십자가 때문에 우리는 하나님의 자녀가 되어 하나님에게 무엇이든지 요청할 수 있고 기도할 수 있는 자리에 와 있다는 것입니다.

그런데 사람들은 기도 끝에 '예수님의 이름'을 넣는 것을, 마치 자신이 낸 제안서에 결재권 있는 인감도장을 찍거나 위력을 발휘하는 신비한 표를 붙이는 것처럼 생각합니다. 결재자인 예수님의 서명이 있으니 이제 어떤 요구 사항이더라도 무조건 통과될 것이라고 기대하는 것입니다. 이것은 기도에 대한 심각한 오해입니다.

기도는 기술이나 수단이 아닙니다. 기도는 하나님 앞에 나아가는 것입니다. 우리가 하나님 앞에 나아갈 수 있는 자격을 예수님이 확보해 주셨기 때문에 기도가 가능한 것입니다. '내 이름으로 무엇이든지 내게 구하면'이라는 말에는 '이제 우리가 예수로 말미암아 하나님을 아버지라고 부를 수 있는 자격과 특권을 누리게 되었다'라는 뜻이 담겨 있습니다.

그러니 기도에서 응답 여부보다 더 중요한 사실은 기도할 수 있는 것 자체가 이미 큰 특권이라는 점입니다. 기도할 때에 어떤 기교를 사용해야만 하나님이 들으신다고 여기는 것은 말도 안 되는 생각입니다. 기도와 관련해서 자주 인용되는 데살로니가전서 5장 말씀도 이 점을 염두에 두고 이해해야 합니다.

항상 기뻐하라 쉬지 말고 기도하라 범사에 감사하라 이것이 그리스도 예수 안에서 너희를 향하신 하나님의 뜻이니라 (살전 5:16-18)

이 구절을 읽고 '성경에서 항상 기뻐하라고 했다. 그래서 나는 전혀 기쁘지 않아도 기뻐하련다. 쉬지 말고 기도하라고 했다. 그래서 나는 빼먹지 않고 매일 기도한다. 또 범사에 감사하라고 했으니 어떤 일에나 감사하려고 한다'라고 다짐하는 사람들이 있습니다. 그러나 이런 태도는 이 말씀에 대한 적절한 적용이 아닙니다. 기뻐하는 것이나 감사하는 일은 누가 명령한다고 해서 할 수 있는 일이 아니기 때문입니다. 기쁨이나 감사는 어떤 일에 대한 반응으로 나오는 것입니다. 기뻐할 수 있는 조건이 전제되어야 기뻐할 수 있으며, 감사할 만한 일이 있어야 감사할 수 있는 것입니다.

'기뻐하고 기도하고 감사하라'라고 말씀한 뒤에 이것이 '그리스도 예수 안에서 너희를 향하신 하나님의 뜻'이라고 합니다. 기뻐하며 기도하며 감사하는 것이 하나님이 뜻하신 일이라는 것입니다. 우리가 기뻐하며 기도하며 감사할 수 있도록 하나님이 무언가 하시겠다는 말씀입니다. 하나님이 우리에게 기뻐할 것이 있게 하시고, 우리가 기도하면 들어주시고, 우리 안에 감사할 것이 있게 해 주시겠다고 선언하고 있습니다. 그러니 이 구절은 우리에게 어떤 감정이나 반응을 명령하는 말씀이 아니라 그렇게 할 수 있게 된 우리의 복된 신분을 선언하는 말씀입니다.

부모는 자기 아이가 하는 행동을 무엇이나 예쁘게 봅니다. 남의 집 아이들은 예쁜 짓을 해야 애정이 가지만 자기 자식은 예쁜 짓을 하지 않아도 이미 각별한 애정의 대상입니다. 그러니 자녀가 말썽을 피우면 속은 좀 상하지만 그렇다고 미워하지는 않습니다. 눈이 크면 커서 예쁘고, 눈이 작으면 작은 대로 예쁩니다. 바로 그런 의미에서 하나님은 우리가 무슨 이야기를 하든지 즐겨 듣고 기쁘게 여기신다는 것입니다.

하나님과 그분의 자녀라는 차원에서 보면, 기도는 일종의 어리광일 수 있습니다. 서론, 본론, 결론을 나누고 논리적 일관성을 갖춰서 기도하지 않아도 괜찮습니다. 기도하다가 할 말이 끊어지면 어떻고, 내일 아침에 다시 이어서 하면 어떻습니까? 하나님은 우리의 기도 그 자체를 즐겨 들으시는 분입니다. 그러니 우리는 어려워하지 않고 있는 모습 그대로 기도할 수 있습니다. 수학 문제를 풀듯이 공식을 따지거나 연설하듯이 문법과 화법을 고려하여 기도해야 하는 것이 아닙니다. 대의명분이 확실하고 명료한 기승전결이 갖춰져야만 기도할 수 있는 것이 아닙니다. 궐기대회를 해서라도 반드시 관철하고야 말겠다는 식의 결사 각오도 필요 없습니다. 오히려 그러한 태도로 기도해야 한다고 생각하는 것은 하나님이 우리를 자녀 삼으시고 넘치도록 사랑하신다는 말을 모르기 때문일 수 있습니다.

하나님은 우리를 자녀 삼으시고 넘치도록 사랑하시는 분입니다. 그러니 하나님에게 "주님, 이것은 나를 위해서가 아니라 하나님의 영광을 위한 것이기에 기도합니다. 다 하나님 좋으라고 하는 간구이지 제 유익을 위한 것이 아닙니다"라는 말로 기도할 필요가 없습니다. 하나님은 사람이 아니시니 그런 사탕발림에 넘어가시지 않을 뿐만 아니라, 이미 우리는 우리의 필요를 당당하게 요구할 수 있는 지위와 신분을 허락받은 자이기 때문입니다. 이런 신자의 특권을 누리십시오. 구하면 주신다, 찾으면 찾아진다, 문을 두드리면 열린다, 하는 말씀은 이런 관계가 전제되어 가능한 것입니다. 선하신 하나님이 사랑하시는 자녀들에게 좋은 것을 주시고자 하는 것은 너무도 당연한 일이지 않습니까.

응답하시지 않는 이유

         그런데 우리가 실제로 기도해 보면, 응답받는 일이 매우 드뭅니다. 하나님은 응답하시기를 기뻐하는데 우리는 왜 받지 못할까요? 그 이유를 알기 위해 본문 마태복음 7장 12절을 봅시다. "그러므로 무엇이든지 남에게 대접을 받고자 하는 대로 너희도 남을 대접하라 이것이 율법이요 선지자니라."

  구하는데도 응답받지 못하는 이유는 무엇일까요? 이에 대한 답을 마태복음 7장에서 찾을 때에 흔히 우리는 7절에서 11절까지만 염두에 두기 때문에 이런 생각을 하기 쉽습니다. 응답받지 못하는 것은 구하지 않았고 찾지 않았고 문을 두드리지 않았기 때문이라고 말입니다. 그러나 마태복음 7장 본문을 오해하지 않으려면 11절까지만 읽을 것이 아니라 12절까지 함께 읽어야 합니다. 7절부터 시작된 말씀은 11절에서 끝난 것이 아닙니다. 아직 남았습니다. 12절에서 '그러므로'라고 하여 앞의 이야기를 계속 이어가고 있습니다. 12절에 나오는 '율법이요 선지자'라는 말은 구약성경 전체를 가리키는 말입니다. 그러니 '무엇이든지 남에게 대접을 받고자 하는 대로 너희도 남을 대접하라'라는 것이 구약성경 전체를 아우르는 하나님의 뜻이라는 것입니다. 마태복음 22장에도 이와 비슷한 말씀이 나옵니다.

예수께서 사두개인들로 대답할 수 없게 하셨다 함을 바리새인들이 듣고 모였는데 그 중의 한 율법사가 예수를 시험하여 묻되 선생님 율법 중에서 어느 계명이 크니이까 예수께서 이르시되 네 마음을 다하고 목숨을 다하고 뜻을 다하여 주 너의 하나님을 사랑하라 하셨으니 이것이 크고 첫째 되는 계명이요 둘째도 그와 같으니 네 이웃을 네 자신 같이 사랑하라 하셨으니 이 두 계명이 온 율법과 선지자의 강령이니라 (마 22:34-40)

여기도 '율법과 선지자'라는 표현이 나옵니다. 예수님은 성경이 제시하는 교훈의 핵심이 하나님을 사랑하고 이웃을 사랑하는 것이라고 말씀하십니다. 앞에서 본 마태복음 7장 12절에서도 성경의 핵심이 나옵니다. 그러니 이 두 본문은 같은 내용을 담고 있다고 할 수 있습니다. '네가 대접을 받고 싶은 대로 남에게 대접하라'라는 말씀과 '하나님을 사랑하고 이웃을 사랑하라'라는 말씀은 동일한 내용입니다.

우리가 해야 할 대접은 어떤 것일까요? 사랑하는 것입니다. 우리가 대접할 상대는 누구일까요? 하나님과 이웃입니다. 기도가 하나님을 상대하는 것이라면, 우리는 하나님을 사랑하는 것으로 그분을 대접해야 합니다. 그러니 기도할 때에 이 점을 기억하라는 것입니다.

다시 마태복음 7장 본문으로 돌아와 보면, 기도하라고 하신 후에 이렇게 덧붙이십니다. '그러므로 무엇이든지 남에게 대접을 받고자 하는 대로 너희도 남을 대접하라.' 하나님에게 대접을 받고 싶다면, 너희도 하나님을 대접하라는 것입니다. 그리고 그 대접이란 하나님을 사랑하는 것이며 하나님이 원하시듯 이웃을 사랑하는 것입니다. 여기서 중대한 갈림길이 제시되어 있습니다. 하나님을 하나님으로 대접하고 이웃을 이웃으로 대접하라는 말씀에 순종할 것인가 말 것인가 하는 갈림길입니다.

우리를 그토록 사랑하시는 아버지 하나님이 응답하시지 않는 이유를 이제 알 수 있습니다. 그것은 우리가 하나님을 하나님으로 대접하지 못하고 있기 때문입니다. 하나님을 하나님으로 대접하지 않은 채 내가 구하고 싶은 것, 내가 찾고 싶은 것, 내가 두드릴 것만을 주문 외우듯이 기도하기 때문입니다. 하나님을 하나님으로 대접한다면 지금 우리가 간구하는 것들은 감히 그분에게 구할 수 없는 것이 허다할 것입니다.

오직 자기 욕심을 채우기 위해 울면서 기도할 뿐이라면, 그것은 기도의 잘잘못을 따지기 이전에 우리가 기도하는 대상인 하나님을 욕되게 하고 그분을 제대로 대접하지 못하는 신앙인 것입니다.

너희가 악한 자라도 좋은 것으로 자식에게 줄 줄 알거든 하물며 하늘에 계신 너희 아버지께서 구하는 자에게 좋은 것으로 주시지 않겠느냐, 그런데도 왜 너희는 얻지 못하고 있느냐, 구하는 자에게 주실 것이 아니냐, 하는 말씀은 구하지 않았다고 꾸짖으시는 것이 아닙니다. 좋은 것을 후하게 주시는 하나님이 왜 주시지 않겠느냐는 설의법적 표현입니다.

예수님의 이 말씀을 귀 기울여 들어야 합니다. 구하는 자에게 좋은 것을 주시는 하나님이 왜 안 주셨겠느냐, 너희가 구한 것이 무엇인지 아느냐, 도대체 너희가 하나님 앞에 얼마나 뻔뻔스러운 것을 들고 나와 있는지 알기나 하느냐, 너희가 하나님을 얼마나 욕되게 하면서 살고 있는지 아느냐, 구하기만 하면 되고 찾기만 하면 되고 문을 두드리기만 하면 다 끝나는 문제인 줄 아느냐, 구했는데도 못 받았느냐, 찾느라고 애썼는데도 못 찾았느냐, 문을 두드렸는데 열리지 않았느냐, 내가 너희에게 응답하지 않는 이유를 이제는 깨달아라.

우리의 문제는 어디에 있을까요. 바로 이 부분, '무엇이든지 남에게 대접을 받고자 하는 대로 너희도 남을 대접하라'라는 지점에서 우리가 그렇게 하지 않는 데에 있습니다. 우리는 깨어나서 자신의 민낯을 보아야 합니다. 우리가 정말 하나님을 하나님으로 대접해 드리지 못하고 이웃을 사랑으로 대접하지 못했다는 데에 핑계 댈 것이 없는 자신을 발견하게 될 것입니다.

대접하는 기도

우리는 하나님을 하나님으로 대접하는 기도를 잘하지 못합니다. 또 기도가 아닌 일상에서도 하나님을 하나님으로, 이웃을 사랑으로 대접하지 못하고 있습니다. 야고보서 4장을 봅시다.

너희 중에 싸움이 어디로부터 다툼이 어디로부터 나느냐 너희 지체 중에서 싸우는 정욕으로부터 나는 것이 아니냐 너희는 욕심을 내어도 얻지 못하여 살인하며 시기하여도 능히 취하지 못하므로 다투고 싸우는도다 너희가 얻지 못함은 구하지 아니하기 때문이요 구하여도 받지 못함은 정욕으로 쓰려고 잘못 구하기 때문이라 간음한 여인들아 세상과 벗된 것이 하나님과 원수 됨을 알지 못하느냐 그런즉 누구든지 세상과 벗이 되고자 하는 자는 스스로 하나님과 원수 되는 것이니라 (약 4:1-4)

좋은 것을 주시는 선하신 하나님에게 기도하는데도 응답받지 못하는 이유가 여기 나옵니다. 기도하지만 정욕으로 쓰려고 잘못 구하기 때문입니다. 정욕으로 쓰려고 잘못 구했다는 증거는 자신이 원하는 것을 얻기 위해 다투고 싸우고 욕심내고 심지어 살인까지 하며 시기했다는 점에서 알 수 있습니다. 그러나 그런 의도로 구하는 것은 아무리 열심히 간구해도 얻지 못합니다. 이웃을 사랑하지 않고, 이웃 사랑하기를 기뻐하시는 하나님을 사랑하지 않기 때문입니다. 그리고 그런 간구는 다만 잘못된 기도에 그치는 것이 아니라 아예 구하지 않는 것이나 다름없다고 말씀합니다.

또 우리의 기도에는 돈을 사랑해서 하는 간구가 많습니다. 바울이 디모데에게 보낸 편지에 이런 내용이 나옵니다. "돈을 사랑함이 일만 악의 뿌리가 되나니 이것을 탐내는 자들은 미혹을 받아 믿음에서 떠나 많은 근심으로써 자기를 찔렀도다"(딤전 6:10). 여기서 '돈을 사랑'한다는 말은 돈으로 할 수 있는 것을 인생의 최고 목표로 삼고 있다는 뜻입니다. 돈으로 할 수 있는 것이란 세상이 줄 수 있는 것, 물질적 차원에서 얻을 수 있는 것을 말합니다.

그러나 신자는 아무리 많은 돈으로도 얻을 수 없는 것에 대해 간구해야 합니다. 하나님으로부터 칭찬을 받고 그분의 인정을 받는 일은 돈으로 얻을 수가 없습니다. 그러므로 기도한다고 하면서 돈으로 얻을 수 있는 것을 간구한다면 하나님은 이런 기도에 응답하시지 않습니다.

참된 기도는 세상이 주지 못하는 것을 구하는 간구입니다. 그러므로 세상이 전부가 아님을 깨달은 자만이 참된 기도를 할 수 있습니다. 그런 사람은 사랑을 간구하고, 충성을 다짐하며, 남을 용서하기를 바라고, 하나님의 말씀을 더 깨닫게 되기를 원하며, 죄악에서 떠나기를 갈망하며, 하나님의 거룩하심을 따라 자신도 거룩해지기를 소원합니다. 이런 이유로 하나님에게 매달리는 것입니다. 왜냐하면 하나님만이 이 모든 것의 근원이기 때문입니다. 여기에 기도의 핵심이 있습니다. 갈라디아서 6장 말씀을 봅시다.

스스로 속이지 말라 하나님은 업신여김을 받지 아니하시나니 사람이 무엇으로 심든지 그대로 거두리라 자기의 육체를 위하여 심는 자는 육체로부터 썩어질 것을 거두고 성령을 위하여 심는 자는 성령으로부터 영생을 거두리라 (갈 6:7-8)

하나님은 업신여김을 받으실 분이 아닙니다. 그분은 결코 속지 않으시니 우리가 하나님을 속일 수 없습니다. 또한 우리는 스스로를 속일 수도 없습니다. 사람은 무엇으로 심든지 그대로 거둡니다. 우리는 성령으로부터 영생이라는 열매를 거두기 위해 마땅히 성령을 위하여 심어야 합니다.

하지만 우리도 믿지 않는 자들처럼 썩어질 것을 얻으려고 육체를 위하여 심을 때가 많습니다. 단지 세상 사람들은 자기 힘으로 얻으려 하고 우리는 하나님을 동원하여 얻고자 하기에 우리가 훨씬 유리하다는 식으로 생각할 뿐입니다. 그래서 이런 말도 안 되는 이야기를 합니다. "예수를 안 믿는 사람들은 자기 힘으로 이것저것 얻으려고 하지만, 우리는 기도라는 수단을 이용하여 하나님의 도우심으로 성공하는 사람들이다."

그러나 한번 생각해 봅시다. 세상 사람들도 얻으려고 하는 것을 신령한 방법으로 소유하게 된다고 해서 그것이 성공입니까? 그것은 단지 썩어질 것에 불과합니다. 그것을 얻으면 성공이고 못 얻으면 실패라는 생각은 세상의 기준에 따른 것이지 절대로 성경적인 이해가 아닙니다. 참된 기도는 세상이 구할 수 없는 것을 구하는 기도입니다. 이 기도는 영적 차원의 원리와 목표와 노력을 추구합니다. 그것이 마태복음 7장에서 가르치는 구하고 찾고 문을 두드리는 기도입니다.

질문

1. 우리가 기도를 마무리할 때 사용하는 '예수님의 이름으로 기도
   합니다'라는 말은 무슨 의미입니까?

2. 하나님은 우리를 사랑하시는 아버지인데도 우리가 기도 응답
   을 받지 못하는 이유는 무엇입니까?

3. 참된 기도는 무엇을 구하는 기도입니까?

적용

우리가 하나님에게 구하고 있는 것 가운데 세상이 줄 수 없는 것
으로는 어떤 것들이 있는지 생각해 봅시다.

09

살아 내는 기도

무릎 꿇고

14 내 형제들아 만일 사람이 믿음이 있노라 하고 행함이 없으면 무슨 유익이 있으리요 그 믿음이 능히 자기를 구원 하겠느냐 **15** 만일 형제나 자매가 헐벗고 일용할 양식이 없는데 **16** 너희 중에 누구든지 그에게 이르되 평안히 가라, 덥게 하라, 배부르게 하라 하며 그 몸에 쓸 것을 주지 아니하면 무슨 유익이 있으리요 **17** 이와 같이 행함이 없는 믿음은 그 자체가 죽은 것이라 **18** 어떤 사람은 말하기를 너는 믿음이 있고 나는 행함이 있으니 행함이 없는 네 믿음을 내게 보이라 나는 행함으로 내 믿음을 네게 보이리라 하리라 **19** 네가 하나님은 한 분이신 줄을 믿느냐 잘하는 도다 귀신들도 믿고 떠느니라 **20** 아아 허탄한 사람아 행함이 없

는 믿음이 헛것인 줄을 알고자 하느냐 21 우리 조상 아브라함이 그 아들 이삭을 제단에 바칠 때에 행함으로 의롭다 하심을 받은 것이 아니냐 22 네가 보거니와 믿음이 그의 행함과 함께 일하고 행함으로 믿음이 온전하게 되었느니라 23 이에 성경에 이른 바 아브라함이 하나님을 믿으니 이것을 의로 여기셨다는 말씀이 이루어졌고 그는 하나님의 벗이라 칭함을 받았나니 24 이로 보건대 사람이 행함으로 의롭다 하심을 받고 믿음으로만은 아니니라 25 또 이와 같이 기생 라합이 사자들을 접대하여 다른 길로 나가게 할 때에 행함으로 의롭다 하심을 받은 것이 아니냐 26 영혼 없는 몸이 죽은 것 같이 행함이 없는 믿음은 죽은 것이니라 (약 2:14-26)

기도로 때울 수 없는
신앙생활

본문은 스스로 믿음이 있다고 생각하나 실생활에서는 아무런 행함이 없는 자들을 책망하는 말씀입니다. 믿음이 있으니 행함은 없어도 된다고 잘못 생각하는 이들이 있다는 것입니다. 기도에 대해서도 이런 식으로 생각하는 사람이 많습니다. 기도하는 것으로 실제 살아야 하는 삶을 때우려고 하는 것입니다. 그러나 행함으로 나타나야 할 신앙생활이 기도하는 것으로 대체될 수는 없습니다.

누가 우리에게 하루를 어떻게 보내고 있는지 묻는다면 이렇게 답할 것입니다. 직장에 나가서 일합니다, 학교에서 공부합니다, 집에서 밥하고 설거지하고 빨래합니다, 라고 말입니다. 그런데 이런 일을 하려면 무엇이 필요합니까? 밥을 먹고 잠을 자야 합니다. 음식과 수면 없이는 살아갈 에너지를 얻을 수 없기 때문입니다. 살아가려면 밥 먹고 잠자는 일이 꼭 필요합니다. 그렇다고 밥 먹고 잠자는 일과가 우리가 보내는 하루의 전부일 수는 없습니다.

마찬가지로 기도하고 성경 읽는 것은 신앙생활에 필요한 에너지를 공급받는 통로입니다. 이런 것 없이는 영적 에너지를 공급받을 수 없기 때문입니다. 에너지를 얻어야 신자다운 삶을 살 수 있지만, 기도와 성경 읽기 자체가 신앙생활은 아닙니다.

그런데 이런 식으로 이야기하는 신자들이 더러 있습니다. 나는 기도했습니다, 나는 성경을 다 읽었습니다. 이렇게 나는 내 할 일을 다 마쳤습니다, 라고 말입니다. 그러나 이런 말은 마치, 나는 이제부터 열심히 공부하려고 책상 앞에 '정신일도하사불성精神一到何事不成'이라고 혈서를 써서 붙여 놓았다, 이것으로 이제 내 할 바를 다했다, 라고 말하는 것과 같습니다. 공부는 책상에 앉아서 책을 펼쳐야 비로소 시작되는 것인데 말입니다.

기도는 왜 하는 것일까요. 우리 삶이 신자다운 삶이려면 지혜와 능력이 필요한데, 이러한 지혜와 능력은 하나님으로부터 오기 때문입니다. 하나님만이 신자다운 삶의 유일한 원동력이기에 우리는 기도해야 합니다. 그렇게 하나님의 자녀다운 삶을 살기 위해 기도하는 것입니다. 따라서 '나는 기도했다'라는 것으로 '나는 모

든 신앙생활을 완수했다'라고 자랑할 수 없습니다. 기도로 신앙
생활을 대신할 수는 없기 때문입니다. 신앙생활은 우리가 실제로
살아 내야 하는 것입니다.

훈련으로서의
기도

농부가 수확하려면 봄에 밭을 갈아 씨를 뿌리며
김을 매고 비료 주는 일을 부지런히 해야 합니다. 농사를 열심히
지어야겠다는 다짐만으로 농사가 되는 것은 아닙니다. '열심히
농사지어야지' 하는 각오는 실제로 밭에 나가 흘리는 땀을 대신
할 수 없습니다.

군대에서 하는 단련 중에는 '선착순 00명!'과 같은 훈련이 많습
니다. 어떤 목표 지점을 향해 질주해서 빨리 갔다 돌아와야 하는
연습입니다. "전방에 보이는 360고지까지 뛰어 올라갔다 와!" 이
런 명령을 받아 뛰어 올라가다 보면 꼭 중간에 숨는 병사들이 있
습니다. 숨는 의도야 뻔합니다. 어차피 다시 내려올 테니 그때 슬
쩍 끼어들어 내려오려는 것입니다.

그런데 산꼭대기까지 올라갔다가 다시 내려오라는 이런 훈련
이 왜 필요할까요? 다시 내려오게 할 것이라면 왜 올라가라고 하
는 것이며, 또 올라가게 할 것이라면 왜 내려오라고 하는 것일까
요? 사실 산에 올라가거나 내려오는 것 자체가 목적은 아닙니다.

전투에 필요한 튼튼한 근육과 끈질긴 지구력을 갖추도록 하는 것이 이 훈련의 목적입니다.

학교에서 배우는 수학도 마찬가지입니다. 수학 시간에 배우는 내용은 일상생활에서는 대부분 별 필요가 없어 보입니다. 당구 칠 때 삼각함수나 미적분을 활용하는 것도 아닙니다. 그러니 복잡한 수학 공식은 그저 머리만 아프게 하는 것 같습니다. 그런데 이런 공부를 통해서 사고력이 깊어집니다. 논리력이나 추리력도 예리해집니다. 그래서 수학 공부가 필요한 것입니다.

기도도 마찬가지입니다. 기도를 통해 하나님의 뜻을 깨닫게 되며 하나님의 성품에 대해서 알아 갑니다. 또 신자의 현실이 만만하지 않다는 것도 배우게 되고, 자신의 약점이 무엇인지도 발견하게 됩니다. 이런 과정을 통해 우리는 신자의 삶을 살아 내는 일을 준비해 나갈 수 있습니다.

그런데 우리는 '열심히 기도해야지'라는 말로 실제 살아야 하는 삶을 회피하는 경향이 있습니다. 기도하는 것으로 우리 할 일 다 했고 이제 하나님에게 맡겼으니 지금부터 안 되는 일이 있으면 다 하나님의 책임입니다, 라고 하나님에게 모든 책임을 떠넘기려고도 합니다. 우리에게 맡겨진 책임을 외면하는 것입니다. 본문은 믿음과 행함을 혼동하는 삶을 지적하고 있습니다. 우리는 기도와 살아 내야 할 삶을 혼동하지 않아야 합니다.

이것은 마치 하나님이 나를 자녀로 낳아 주셨으니 내가 자녀답게 크는 일도 하나님이 다 알아서 해 달라고 요구하는 것과 같습니다. 물론 부모가 나를 낳아 주셔서 내가 존재합니다. 그러나 나를 낳아 주셨으니 공부하는 것도 부모님이 다 책임져 주셔야 합니다, 라고 말한다면 매우 이상스러운 일일 것입니다. 우리의 기도가 그렇게 잘못 쓰일 때가 많습니다.

기도를 통해 우리는 우리가 가야 할 신앙의 여정에 대해 배웁니다. 기도는 내가 원하는 결과를 얻어 내는 지름길이 아닙니다. 기도는 내가 직접 걸어야 하는 길을 미리 준비하게 하는 행위입니다. 내가 가야 하는 길이 어디인지, 내가 이 여행을 감당하기에 얼마나 부족한 상태에 있는지 발견하게 합니다. 또 기도로 이 길을 나아갈 힘과 능력도 구비하게 합니다. 이 여정을 제대로 해 나갈 수 있는 준비가 기도를 통해 이루어집니다. 그러나 기도했다고 모든 여정이 저절로 끝나는 것은 아닙니다. 여정을 꾸려 가는 일이 여전히 우리에게 남아 있습니다. 실제 걸어가는 것은 우리의 몫입니다.

기도하며 걸어가는
신앙 여정

권투 선수가 맨 처음 받는 훈련이 '눈 부릅뜨고 맞기'입니다. 눈을 뜨고 있어야 주먹이 오른편에서 들어오는지 왼편에서 들어오는지를 알고 피할 게 아닙니까. 그러니 아무리 강한 주먹이 눈앞에 날아와도 눈을 부릅뜨고 있어야 합니다. 눈을 감고 싸우면 이길 방법이 없습니다. 피할 길은 없고, 남는 것은 공포뿐입니다.

주먹이 들어오는데 눈을 꽉 감아 버리는 것 같은 태도로 기도해서는 안 됩니다. 무슨 일이 생기면 무조건 엎드려서 울어 버리고는 '나는 내 할 일 다 했다'라고 마음을 놓아서는 안 됩니다. 나는 기도했으니 이제는 하나님이 다 알아서 만사형통의 길로 인도해 달라고 요구하는 것은 진정한 기도일 수 없습니다.

기도는 지금 내가 겪는 일에서 무엇이 잘못되었는가를 돌아보는 일입니다. 좋지 못한 일이 생겼다면 왜 이런 일이 내게 생겼는지를 살피고 잘못한 일이 있으면 돌이켜야 합니다. 가는 길에 장애물이 버티고 서 있다면 용기를 내어 넘어가야 하는데 실력이 없어서 넘어가지 못할 수 있습니다. 그런 때에는 내가 이 길에 잘못 들어왔구나 하고 후회만 할 것이 아니라, 내가 아직 약하니 힘을 더 키워서 반드시 넘어가리라고 결심하는 기도를 해야 합니다.

신앙의 여정에는 직면해서 극복해야 할 길도 있고 아직은 돌아서 가야 할 길도 있습니다. 맞부딪혀 싸워야 할 일도 있고 힘이 생길 때까지 기다려야 할 일도 있습니다. 이것을 분별하게 해 주는 것이 기도입니다. 그래서 기도하면 할수록 좀 더 지혜로워지고 담대해지며 분별력이 생기고 수준도 높아집니다. 그렇게 기도와 함께 생명이 자라 가는 것입니다.

그러나 대부분 신자들은 기도를 이렇게 이해하지 않습니다. 집회에 참석해서 간절히 기도하거나 기도원에 가서 금식하고 돌아

오면, 마치 벽돌을 하나씩 들고 돌아오는 것 같습니다. 그리고는 집 뒷마당에 이 집회에서 받은 벽돌, 저 기도원에서 받은 벽돌을 산더미처럼 쌓아 두고만 있습니다. 그러다 비가 오면 그 옆에 서서 벽돌과 같이 비를 맞고 서 있습니다. 그 많은 벽돌로 집 한 채 지을 생각조차 못하고 말입니다.

그 지극한 기도의 열심을 내어 제대로 만들어 낸 것이 없습니다. 어떤 신앙적 성취나 영적 성숙도 없습니다. 생명이 자라나지도 성품이 풍성해지지도 않습니다. 신앙생활을 근본부터 오해하고 있기 때문입니다.

이제 우리의 기도는 신앙적 깨달음과 분별을 얻는 방향으로 나아가야 합니다. 또 신앙생활의 깊이가 풍성해지는 방향으로 쓰여야 합니다. 그러기 위해서 우리는 기도할 때에 늘 말씀에 비추어 돌아보고, 기도한 것을 자신의 삶에 적용하도록 노력해야 합니다. 기도할 때마다 내가 기도한 것이 무엇인지, 그것이 성경이 제시하는 길과 얼마나 조화로운지, 신앙의 어떤 부분을 더 채워 나가야 하는지 깨달아야 합니다.

기도는 어떤 특별한 선물을 얻어 내기 위해 떼를 쓰는 일이 아닙니다. 또 우리가 실제로 해야 하는 일을 하나님이 대신해 주셔서 어떤 결과가 생겨나도록 거는 주문도 아닙니다. 기도는 내가 갈 길을 하나님이 대신 가시도록, 또 내가 성취해야 할 결과를 하나님이 대신 만드시도록 요구하는 수단이 아닙니다. 기도는 주께서 요구하시는 신앙의 실력과 수준을 갖춘 우리가 되도록 하나님이 훈련하시는 여정을 잘 감당할 수 있게 도움을 받는 은혜의 통로입니다.

기도를 통해 우리는 하나님에게 지혜와 분별력을 구할 수 있습니다. 기도할 때에 하나님은 우리의 눈을 밝게 하시고 유혹과 시험에서 이길 힘을 주시고 정당한 선택을 하도록 힘을 주십니다. 그러나 선택과 결단과 결심을 실행하는 것은 우리의 몫입니다. 이처럼 기도는 우리가 각자의 몫을 잘 감당하도록 도와줍니다.

질문

1. 기도로 신앙생활을 대신할 수 없는 이유는 무엇입니까?

2. 기도는 내가 원하는 결과를 얻어 내는 지름길이 아닙니다. 기도를 통해 이루어지는 일은 어떤 일입니까?

3. 기도로 구할 것은 무엇입니까? 또 우리의 몫은 무엇입니까?

적용

우리 몫을 잘 감당하는 데 기도가 힘이 되었던 경험을 나누어 봅시다.

침묵하시는 하나님

10

———————— **39** 이 사람들은 다 믿음으로 말미암아 증거를 받았으나 약속된 것을 받지 못하였으니 **40** 이는 하나님이 우리를 위하여 더 좋은 것을 예비하셨은즉 우리가 아니면 그들로 온전함을 이루지 못하게 하려 하심이라 (히 11:39-40)

자신의 한계를 아는 행위

기도에는 기도를 하는 이와 기도를 듣는 대상이 존재합니다. 기도하는 우리가 있고 우리의 기도를 들어주시는 하나님이 계십니다. 이로부터 우리는 기도의 본질에 대하여 몇 가지 중요한 점을 확인하게 됩니다.

첫째, 기도란 인간의 한계를 인식하는 행위입니다. 자신의 필요를 채워 달라고 누군가에게 비는 일이기 때문입니다. 우리는 기도할 때에 자신이 최종적 권위를 가진 존재가 아니라는 점을 인정하게 됩니다. 우리는 자신의 필요를 스스로 채울 수 없는 존재입니다. 이런 사실을 기도를 통해 확인하게 됩니다.

우리는 살면서 종종 이런 간증을 들어 본 적이 있을 것입니다. "제가 예수 믿기 전에 있었던 일입니다. 예전에 도저히 견딜 수 없는 형편에 처한 적이 있었습니다. 그 당시는 너무 힘들어 내 이야기를 들어 주는 대상만 있다면, 그가 누구든 어디에 있든 도와 달라고 부르짖고 싶은 심정이었습니다. 그때 마침 하나님을 잘 믿던 고교 동창이 떠올랐습니다. 내 친구가 믿는 하나님이라도 불러야겠다는 생각에 기도했는데, 신기하게도 그 기도가 응답되었지 뭡니까. 그래서 그 기회에 예수를 믿게 되었고 이전보다는 더 나은 인생을 살게 되었습니다"라는 식의 간증 말입니다.

이런 것도 기도라고 할 수 있을까요? 이런 부르짖음도 기도입니다. 왜냐하면 인간이 처해 있는 그 어떤 형편도 하나님의 통치 안에 있기 때문입니다. 인생의 어떤 순간, 어떤 상황에서도 하나님이 없는 중립지대란 있을 수 없습니다. 우리가 의식하든 안 하든 우리에게 주어진 생명은 하나님에게서만 오는 것입니다. 하나님은 창조 세계 안에 있는 모든 생명체에게 생명을 주신 주관자이기에 그들의 부르짖음에 답하십니다. 그래서 아직 하나님의 이름도 제대로 부르지 못하는 외침을 기도라고 할 수 있는 것입니다. 인생의 한계와 위기 속에서 자신이 그런 문제를 해결할 능력이 없다는 고백은 하나의 기도가 될 수 있습니다.

물론 이런 외침이 예수를 믿고 나서 제대로 드리게 되는 기도와 똑같지는 않을 것입니다. 이런 기도는 마치 어린아이의 울음과도 같은 것입니다. 아직 아이가 말을 할 줄 몰라 울기만 할 때에도 엄마는 아이의 울음에서 원하는 것이 무엇인지 다 알아듣습니다. 아이가 자라나 말을 배우게 되면 더 많은 내용을 엄마와 주고받게 되어 훨씬 친밀한 관계가 될 것입니다. 그러나 아직 말을 하지 못할 때에도 아이는 엄마 앞에서 울 수 있습니다. 이처럼 하나님 앞에 운다는 것은 자신에게 보호자가 필요하다는 사실을 인정하는 행동인 것입니다.

기도를 들으시는 인격자

둘째, 기도는 인격자이신 하나님에게 드리는 것입니다. 기도를 들으시는 인격자가 계시다는 것이 기도가 주문呪文과 다른 점입니다. 주문에서 중요한 몫은 주문을 듣는 대상이 아니라 주문을 읊는 사람에게 있습니다. 주문대로 일이 이루어졌다면 그것은 주문을 읊는 사람이 제대로 일을 해냈기 때문입니다.

그러나 기도는 그런 것이 아닙니다. 들어주는 이 없이 나 혼자 해내는 기도란 없습니다. 기도가 가능한 것은 인격자이신 하나님이 우리의 기도를 들으시기 때문입니다.

기독교 신앙의 큰 적으로 자연주의와 인본주의를 들 수 있습니다. 자연주의를 따르면, 기도는 법칙에 따라 기계적으로 이루어지는 일에서 원인 같은 것으로 여겨집니다. 인본주의를 따르면, 기도는 인간의 고귀한 소원을 담는 행위라는 점에서 가치가 있습니다. 어느 관점을 따르든 간에 기도는 기도하는 존재의 정성과 수준에 따라 응답이 결정되는 행위로 생각됩니다. 응답하시는 존재는 중요하지 않습니다. 기도하는 사람이 간절히 구하고 열심히 살면 그것으로 충분합니다. 그러나 이런 생각은 전혀 성경적이지 않습니다.

기도는 하나님과 우리가 인격적 관계로 묶여 있다는 것을 전제하는 행위입니다. 기도를 하는 존재가 있고, 그 기도를 들으시는 이가 있습니다. 기도를 열심히 하는 우리와 귀 기울여 들으시는 아버지 하나님이 계십니다.

인격적 관계에서 가장 중요한 것은 그들 사이에 맺는 교제일 것입니다. 대가代價처럼 주어지는 눈에 보이는 응답보다 이야기를 주고받으며 관계가 깊어지는 것이 훨씬 중요합니다. 말할 수 없는 즐거움은 이런 관계에서 흘러나오는 것입니다.

대화를 해 보면, 어떤 사람과 이야기를 나누는 것이 가장 좋습니까? 내 이야기를 잘 들어 주는 사람을 만나는 것이 제일 좋습니다. 내 말을 끝까지 집중하여 들어 주며 나를 편들어 주는 사람이 최고입니다. 하나님이 바로 그런 분이십니다. 그러니 기도에서도 하나님 앞에 어떤 소원을 꼭 들어 달라는 것은 그리 중요한 일이 아닐 수 있습니다. 나의 소원이 이루어지는 것보다 내 모습 그대로 받아 주는 분이 있다는 사실이 더 좋기 때문입니다. 그러니 기도는 그냥 자신의 사정을 다 이야기하는 것만으로도 충분합니다.

그런데 예배나 어떤 모임에서 대표기도를 할 때에 이와 관련하여 흔히 저지르는 실수가 있습니다. 대표기도를 맡은 사람은 중언부언을 피하고 조리 있게 기도하려고 기도문을 미리 작성해 옵니다. 그리고 기도할 차례가 오면 실수하지 않으려고 문장 하나하나에 신경을 쓰며 정성껏 기도문을 읽습니다. 그런데 그렇게 애쓰느라 지금 자신이 하나님에게 기도하고 있다는 사실을 놓칩니다. 인격자이신 하나님 앞에 서 있다는 것을 잊어버리는 것입니다.

기도는 무작정 달려와 내뱉는 호소나 절규일 수 있고, 때로 변명일 수도 있습니다. 우리의 기도를 들으시는 분이 인격자라는 사실을 잊지 않는다면, 두서없이 매끄럽지 않은 문장으로 기도하는 것이 그리 큰 잘못은 아닐 것입니다. 하나님은 원칙만 내세우시는 분이 아니라, 깊은 공감과 이해로 우리를 대하시는 인격자이기 때문입니다. 그러니 우리의 기도가 때로 말이 안 되는 것이어도 괜찮습니다.

정체성을 확인하게 하는
행위

셋째, 기도는 우리의 정체성을 확인시켜 줍니다. 우리의 필요를 채우실 수 있고, 우리로서는 할 수 없는 일을 해 주시는 분이 우리에게 기도를 허락하셨습니다. 이런 사실에서 우리는 자신이 어떤 존재이며 어떤 지위를 누리게 되었는지 알게 됩니다.

하나님은 우리를 몰아대어 강제로 굴복시키시는 분이 아닙니다. 또한 우리가 간절히 하소연해야만 마지못해 응답하시는 분도 아닙니다. 하나님은 우리를 교제의 상대로 삼기를 기뻐하시는 분입니다. 여기에 기도의 중요한 의의가 있습니다.

기도에 관하여 신자들이 가장 많은 관심을 두는 주제는 '어떻게 기도해야 응답받을 수 있는가' 하는 점일 것입니다. 과연 하나님에게도 이 주제가 가장 중요할까요? 기도를 단지 소원 성취의 수단으로만 이해한다면, 우리는 기도에 담긴 진정한 의미를 놓치게 될 것입니다.

우리의 기도는 응답받을 때도 있고 그렇지 못할 때도 있습니다. 그런데 응답 여부와 상관없이 기도를 통해 이루어지는 더 중요한 것은 하나님이 얼마나 우리의 이해를 뛰어넘어 계시는 분인지를 깨닫는 일입니다. 지나고 보면, 기도할 수밖에 없었던 당시의 절박함과 위기가 실은 삶의 더 중요한 주제를 파악하지 못해서 생겨난 것임을 알게 될 때가 많습니다. 기도가 우리 뜻대로 응답되지 못할 때 그것을 더욱 분명히 깨닫고는 합니다.

하나님은 응답받지 못한 기도를 통해서 우리가 해결하고 싶은 문제의 답이 우리가 기대하는 답과 다르다는 것을 알게 하십니다. 그리하여 우리의 인생과 존재에 대해, 세계와 그 질서에 대해 깊이 깨닫도록 하십니다. 그러고 보면 신자에게 있어 응답받지 못한 기도는 응답받은 기도보다 더 깊은 차원의 일을 이루어 내는 것인지도 모릅니다.

하나님이 우리를 기도할 수 있는 자리로 부르시고 우리의 기도를 귀하게 여기시면서도 때때로 기도에 침묵하시는 이유가 여기에 있습니다. 앞에 닥친 문제가 해결되지 않아 이제 인생이 다 끝난 것 같은데도 하나님이 계속 침묵하실 때가 있습니다. 그런데 이 침묵 덕분에 우리는 '이젠 정말 끝났구나' 하는 탄식의 자리를 지나가게 됩니다. 그리고 계속해서 살아가는 경험을 합니다. 이런 절망의 자리를 거쳐 내가 끝이라고 생각한 것이 진짜 끝이 아님을 알게 되는 것입니다.

기도의
궁극적 응답

기도가 응답된 경우도 마찬가지입니다. 응답을 받더라도 내가 받은 답이 온전한 답이 아니라는 것을 깨닫게 됩니다. 지금 여기에서 이루어진 성취가 전부가 아니며 훗날 약속에 대한 더욱 온전한 성취가 기다리고 있다는 것을 알게 되는 것입니다. 이 점을 잘 보여 주는 사례가 예수님의 탄생에 대한 예언입니다.

여호와께서 또 아하스에게 말씀하여 이르시되 너는 네 하나님 여호와께 한 징조를 구하되 깊은 데에서든지 높은 데에서든지 구하라 하시니 아하스가 이르되 나는 구하지 아니하겠나이다 나는 여호와를 시험하지 아니하겠나이다 한지라 이사야가 이르되 다윗의 집이여 원하건대 들을지어다 너희가 사람을 괴롭히고서 그것을 작은 일로 여겨 또 나의 하나님을 괴롭히려 하느냐 그러므로 주께서 친히 징조를 너희에게 주실 것이라 보라 처녀가 잉태하여 아들을 낳을 것이요 그의 이름을 임마누엘이라 하리라 그가 악을 버리며 선을 택할 줄 알 때가 되면 엉긴 젖과 꿀을 먹을 것이라 대저 이 아이가 악을 버리며 선을 택할 줄 알기 전에 네가 미워하는 두 왕의 땅이 황폐하게 되리라 (사 7:10-16)

이 말씀은 아하스 왕이 남 유다를 다스리던 때에 선포되었습니다. 남 유다를 위협하던 북 이스라엘과 아람의 멸망이 임박했다는 것이 메시지였습니다. 처녀가 잉태하여 아들을 낳을 것이고, 그 아이가 선을 택할 줄 알기 전에 그 일이 이루어질 것이라고 합니다. 당시 어떤 처녀가 아들을 낳을 것인데, 그 아이가 철들기 전에 유다를 위협하던 나라들이 멸망할 것이라는 말씀입니다.

그런데 나중에 보니 이 예언의 약속은 당대에 성취된 일로 그치는 것이 아니었습니다. '처녀가 잉태하여 아들을 낳으리라'라는 말씀이 예수 그리스도의 탄생을 가리킨다는 점을 우리는 신약성경을 통해 잘 알고 있습니다. 오히려 그 시대의 성취는 부분적인 것이었고, 이 약속이 인류 전체의 역사에 대한 답으로 주어졌던 것입니다.

기도가 응답받지 못한 경우에도 하나님의 답은 침묵으로 끝이 아닙니다. 침묵의 궁극적 의미를 살펴보아야 합니다. 이사야가 소명을 받던 일을 생각해 봅시다. 하나님이 "우리를 위하여 누가 갈꼬"라고 하시자 이사야가 "제가 가겠습니다"라고 대답합니다. 그러자 하나님은 백성들에게 이렇게 전하라고 하십니다. "너희가 듣기는 들어도 깨닫지 못할 것이요 보기는 보아도 알지 못하리라." 선지자가 외쳐도 전하는 내용을 알아듣는 이들이 없을 것이라고 하십니다.

이 당시 이스라엘 백성이 당면한 문제는 자기 나라가 멸망할 위험에 놓이게 된 데에 있었습니다. 하나님이 선지자까지 보내셨다면 그들은 이런 위험에 대한 확실한 응답, 곧 안전 보장 같은 것을 기대했을 것입니다. 하지만 하나님은 그들로서는 알아들을 수 없는 말씀을 선지자를 통해 전하십니다. 하나님의 안목은 그들의 안목과는 비교할 수 없이 크기 때문입니다. 결국 그들의 소원대로 이루어진 것은 하나도 없었습니다. 북 이스라엘은 앗수르에, 남 유다는 바벨론에 멸망하고 맙니다. 오히려 그들은 '우리가 하나님이 선택하신 민족이 맞는가' 하고 물을 수밖에 없는 자리에까지 몰려갑니다.

내가 이르되 주여 어느 때까지니이까 하였더니 주께서 대답하시되 성읍들은 황폐하여 주민이 없으며 가옥들에는 사람이 없고 이 토지는 황폐하게 되며 여호와께서 사람들을 멀리 옮기셔서 이 땅 가운데에 황폐한 곳이 많을 때까지니라 그 중에 십분의 일이 아직 남아 있을지라도 이것도 황폐하게 될 것이나 밤나무와 상수리나무가 베임을 당하여도 그 그루터기는 남아 있는 것 같이 거룩한 씨가 이 땅의 그루터기니라 하시더라 (사 6:11-13)

하지만 하나님은 그들을 완전히 망하게 하시지 않습니다. 오히려 그들이 예상하지 못한 방법으로 그들을 지켜 하나님의 백성이라는 정체성을 유지하게 하십니다. 그리고 긴 고통의 시간이 지나자 예수님을 이 땅에 보내십니다. 그렇게 인류에게 진정한 해답을 허락하십니다.

이런 맥락에서 아합 왕의 폭정과 우상숭배 속에서 엘리야가 참아 내야 했던 그 긴 시간의 의미를 이해할 수 있습니다. 엘리야도 기도를 통하여 하나님이 하시는 일을 깨닫게 됩니다. 살기등등한 이세벨의 위협에 쫓겨 호렙 산에 와 있는 엘리야에게 하나님은 물으십니다. "네가 어찌하여 여기 있느냐." 엘리야의 대답은 항의에 가깝습니다. "내가 만군의 하나님 여호와께 열심이 유별하

오니 이는 이스라엘 자손이 주의 언약을 버리고 주의 제단을 헐며 칼로 주의 선지자들을 죽였음이오며 오직 나만 남았거늘 그들이 내 생명을 찾아 빼앗으려 하나이다." 갈멜 산에서 엘리야가 대승을 거두었지만 여전히 권력은 아합과 이세벨에게 그대로 있습니다. 갈멜 산에서 인상적인 승리를 거둔 선지자가 오히려 생명의 위협을 받아 이 먼 곳까지 도망하게 되었습니다. 이런 처지에 놓인 선지자가 하나님에게 항변하고 있는 것입니다. 하나님의 답은 이어집니다.

여호와께서 그에게 이르시되 너는 네 길을 돌이켜 광야를 통하여 다메섹에 가서 이르거든 하사엘에게 기름을 부어 아람의 왕이 되게 하고 너는 또 님시의 아들 예후에게 기름을 부어 이스라엘의 왕이 되게 하고 또 아벨므홀라 사밧의 아들 엘리사에게 기름을 부어 너를 대신하여 선지자가 되게 하라 하사엘의 칼을 피하는 자를 예후가 죽일 것이요 예후의 칼을 피하는 자를 엘리사가 죽이리라 그러나 내가 이스라엘 가운데에 칠천 명을 남기리니 다 바알에게 무릎을 꿇지 아니하고 다 바알에게 입맞추지 아니한 자니라

(왕상 19:15-18)

하나님은 하사엘과 예후를 세워 악역의 계보를 잇게 하라고 하십니다. 또 엘리야의 후임으로 엘리사를 세우라고 하십니다. 하나님은 이 역사를 계속 이어가시겠다고 하는 것입니다.

이처럼 응답되지 못한 기도에도 하나님의 신비가 담겨 있습니다. 하나님이 제때에 응답하시지 않은 것도 아니며, 기도를 묵살하신 것은 더더욱 아닙니다. 엘리야가 겪고 있는 고통의 시간이 엘리야가 알고 있는 것보다 훨씬 큰 시간, 즉 하나님이 이루어 가시는 광대한 역사의 한 부분에 속해 있다는 답이 여기에 담긴 것입니다. 우리가 지금 겪고 있는 시간도 그렇게 하나님의 일이 완성되어 가는 과정의 한 자락을 이루고 있습니다.

물론 이런 막막한 현실 때문에 우리는 울 수밖에 없습니다. 하나님이 구체적 답을 바로 주시지 않기 때문입니다. 그러나 응답받지 못한 이 기도의 자리에서 우리는 생각해야 합니다. 엘리야가 경험했던 하나님의 부재, 선지자를 보내시지만 이스라엘 백성들의 소원에는 응답하시지 않는 하나님의 침묵, 그리고 공생애 내내 사람들의 오해와 의심 속에서 걸으셔야 했던 예수님의 길을 기억해야 할 것입니다.

기도의 궁극적 응답은 우리 당대에 모든 것이 완전히 해결되는 식으로는 주어지지 않습니다. 눈에 보이는 완결은 인간이 원하는 해결 방식일 뿐입니다. 우리는 기도를 통하여 하나님의 창조와 종말이라는 거대한 역사의 흐름에 대면하게 되고, 그 장엄한 흐름 속 어딘가를 우리가 걷고 있다는 것을 깨닫습니다. 시간 속에서 응답하시는 하나님의 일하심에 대해 히브리서 11장은 믿음으로 살다 간 신앙의 인물들을 열거한 후 이런 결론을 맺습니다.

이 사람들은 다 믿음으로 말미암아 증거를 받았으나 약속된 것을 받지 못하였으니 이는 하나님이 우리를 위하여 더 좋은 것을 예비하셨은즉 우리가 아니면 그들로 온전함을 이루지 못하게 하려 하심이라 (히 11:39-40)

우리 앞에는 먼저 걸어간 믿음의 선조가 있습니다. 그들은 자신의 역할이 무엇인지 당대에 다 알 수 없었을 것입니다. 긴 시간이 흘러 후손들의 때에 일이 완성된 후에야 그 의미가 드러납니다. 자신이 했던 일이 어떤 의미가 있고, 왜 하나님이 그때는 응답해 주시지 않는지를 나중에야 알게 될 것입니다. 기도의 궁극적 응답은 그들의 소원보다 더 큰 것이기에 당시에는 약속을 붙들고 산 것입니다.

하나님의 일하심은 우리가 가히 상상할 수 없을 만큼 역동적입니다. 이스라엘은 실패했으나, 하나님은 그 실패 속에서 교회를 일으켜 이 자리까지 이끌어 오셨습니다. 이스라엘 역사에서만이 아닙니다. 하나님은 인류의 모든 역사에서도 일하셨고 그 안에 은혜를 담으셨습니다. 지금도 계속 그렇게 하고 계십니다.

이 일에 들어오라고 하나님이 우리를 부르셨습니다. 우리의 기도로, 우리의 삶으로 하나님은 당신의 은혜의 역사를 쌓아 가자고 하시는 것입니다. 기도에 담긴 우리의 정체성이 이것입니다. 은혜롭게 누적되는 하나님의 역사 덕분에 우리가 여기 서 있습니다. 그리고 그렇게 쌓여 가는 은혜의 역사에 일원이 되라고 우리를 부르셨습니다. 이렇게 우리는 하나님의 일하심의 증거가 됩니다.

당장 기도의 응답이 없고, 온갖 불행과 억울한 일을 당하고, 나를 반대하는 자들에게 둘러싸인 재난 가운데 산다 할지라도 이러한 형편이 우리에게 손해가 되지 않습니다. 그 어떤 것도 하나님의 일하심에 방해가 되지 않습니다. 하나님은 어떤 상황에서도 역동적으로 일하시는 분이기 때문입니다.

그러니 아무 답이 보이지 않더라도 우리에게는 믿음이 있노라고 고백해야 합니다. 우리의 생각에만 매이지 않고 하나님의 일하심에 발맞추는 것이 우리의 책임입니다. 이 책임을 우리는 기도로 표현합니다.

기도는 내가 어떤 답을 미리 정한 채 하나님 앞에 나아가는 것이 아닙니다. 이해할 수 없는 처지에서도 하나님이 주인이신 것을 인정하고 있다는 고백입니다. 몸부림을 치면서 현실을 견디는 것입니다. 눈물과 한숨으로 견디는 것입니다. 이것이 기도입니다.

질문

1. 기도의 본질에 대해 이번 장에서 배운 세 가지 점은 무엇입니까?

2. 기도에 담긴 우리의 정체성은 무엇입니까?

3. 응답되지 못한 기도에 담긴 하나님의 신비를 설명해 봅시다.

적용

우리의 간절한 기도가 응답받지 못할 때 어떤 태도를 가져야 할지 나누어 봅시다.

11

응답 없는 기도의 이로움

──────── **17** 쉬지 말고 기도하라 (살전 5:17)

긍휼히 여기시는
하나님

'간절히 기도하면 응답받는다'라는 말은 기도에 관하여 자주 듣는 말 가운데 하나입니다. 이런 고백은 간증에 많이 등장하기도 합니다. 그런데 이 말에 담긴 뜻을 제대로 알기 위해서는 짚고 넘어가야 할 질문이 있습니다. '간절히 기도하면 언제나 응답받는가?'

이 질문에 대한 답은 '꼭 그렇지만은 않다'입니다. 간절히 기도하여 응답받을 때도 있고 그렇지 않을 때도 있습니다. 이렇게 보면 '간절함'이 기도 응답을 얻어 내는 조건이 될 수 없다는 점을 알게 됩니다. 우리는 '간절한 기도'를 도구로 삼아 하나님이 응답하시도록 조작할 수 없습니다.

그런데 간절히 기도하여 응답받은 경험이 신자들 사이에 드문 일은 아닙니다. 그렇다면 그럴 때는 기도가 왜 응답되었던 것일까요. 우리의 간절함 때문이었을까요? 아닙니다. 간절한 기도가 응답된 것은 기도하는 그 사람을 하나님이 불쌍히 여기셨기 때문입니다.

간절함이 하나님을 응답하시도록 몰아갈 수는 없습니다. 하나님이 우리를 불쌍히 여기시는 마음은 우리가 유도할 수 있는 것이 아닙니다. 우리는 하나님의 긍휼을 조종할 수 없습니다. 기도를 들어주시고 안 들어주시고는 하나님의 자유입니다.

'치열하게 기도해야 한다'라는 말도 오랫동안 신자들의 기도 생활에서 중요한 구호처럼 사용되었습니다. 그런데 치열하게 기도하는 것을 마치 숙제를 해내는 일처럼 이해하고는 했습니다. 기도할 때에 기도를 들으시는 하나님을 염두에 두기보다는 기도를 해내야 할 과제 정도로 여겼던 것입니다.

교회에 어떤 문제가 생기면 목사님이 그 문제를 싸안고 기도원에 은거하여 철야기도나 금식기도를 하는 것이 제일이라고 여기는 교인들이 있습니다. 그 문제가 교회에 왜 일어났는지, 그 문제를 위해 기도하는 일이 교회에 어떤 의미가 있는지는 별로 중요하게 생각하지 않습니다. "우리 목사님이 이번 일로 사십 일 금식 기도하셨대"라고 말하는 것으로 안도감을 느낍니다. 목사님이 기도원에 가서 철야하고 금식한 것만으로 목회자의 책임을 다했다고 인정하는 것입니다. 치열하게 기도한 것을 보았으니 해야 할 숙제를 해낸 것처럼 흡족히 여기는 것이지요.

기도를 해내야 할 과제로 생각하게 되면 무엇이 좋은 신앙인지 잘못 생각하게 됩니다. 삶에서 일어나는 모든 일을 하나님에게 시시콜콜하게 아뢰어 구체적 응답을 얼마나 많이 받았는지를 좋은 신앙의 기준으로 삼는 것입니다. 응답받은 횟수가 많을수록 숙제를 완벽히 해냈다는 성취감이 생깁니다. 마치 기도 응답을 신앙의 책임을 완수한 성과로 여기는 것 같습니다. 기도를 들으시는 하나님은 잊히고 기도만이 홀로 남아 기도한 사람의 훌륭한 신앙을 드러내는 증거처럼 내세워집니다.

기도 그 자체에 독립된 가치가 있는 것이 아닙니다. 하나님과 무관하게 홀로 존재하는 기도는 진정한 기도일 수 없습니다. 기도를 들으시는 분이 계시다는 점이 가장 중요합니다. 우리의 간절함이나 치열함, 우리가 받은 증거나 안심은 그다음에 생각할 문제입니다.

기도는 우리가 예수로 말미암아 하나님과 연합되어 있기에 가능한 것입니다. 예수 그리스도 덕분에 우리는 아무 때에나 하나님을 만날 수 있는 존재가 되었습니다. 심지어 우리에게는 하나님을 아버지라고 부를 수 있는 특권이 주어져 있습니다. 우리는 예수님과 연합된 존재이며, 성령님은 우리가 기도할 바를 알지 못할 때에도 우리를 대신하여 기도하고 계십니다. 하나님은 우리가 구하기 전에 우리에게 있어야 할 것을 미리 알고 계십니다. 기도에는 우리의 이런 지위가 전제되어 있습니다. 그래서 기도가 우리에게 허락된 것입니다.

삶이 담긴
기도

기도에 하나님과의 이런 관계가 전제되어 있다는 점을 염두에 두면 어떤 내용으로 기도해야 하는지 알 수 있을 것입니다. 사람들과 만날 때에 우리는 주로 무슨 이야기부터 꺼낼까요. 오늘 날씨가 엄청 춥다든가, 이번 크리스마스에는 어떤 카드가 많이 팔렸다든가와 같은 인사말이나 소소한 이야기에서 시작합니다. 만나서 누리는 반가움과 즐거움으로 관계가 시작되는 것입니다.

그에 비하면 우리의 기도는 너무 무겁습니다. 기도는 사활을 걸고 하는 씨름이라는 생각이 강하기 때문입니다. 하나님 앞에 나아가 목숨 걸고 요구하는 것만을 기도라고 착각하고 있습니다. 물론 경우에 따라 하나님에게 그런 심각한 요구를 할 때도 있습니다. 이렇게 할 수 있는 것은 신자의 정당한 권리이기도 합니다. 하지만 우리의 기도가 온통 심각한 내용뿐이라면 우리는 기도에 삶을 담아낼 수 없을 것입니다.

기도에는 우리의 인생이 담겨야 합니다. 우리의 형편이 어떻든 하나님은 당신의 은혜를 우리 인생에 부어 주시고 우리의 삶 속에서 일하십니다. 우리가 오래 살든 짧게 살든, 유능하든 무능하든, 건강하든 병약하든 아무 차이가 없습니다. 하나님은 어느 인생에나 함께하시기 때문입니다.

문학에 비유하여 우리 인생을 생각해 봅시다. 소설은 길다고 훌륭한 것이 아닙니다. 장편소설은 장편만이 갖는 장점이 있고, 단편소설은 단편 나름의 묘미가 있습니다. 길이야 어떻든 문장들이 제대로 쌓여 단락을 이루면 그 안에 깊은 내용이 담길 수 있습니다. 짧은 소설이라도 그 안에 풍성한 의미를 내포한 생략을 담고 있다면, 별 내용 없이 길이만 긴 장편에 비할 바가 아닐 것입니다.

어떤 종류의 삶이든 결국 죽음에 삼켜질 수밖에 없는 운명이라는 것을 누구나 압니다. 그런데 하나님은 우리를 삼켜 버리는 죽음을 걷어치우시고 우리의 인생을 하나님 안에 담으십니다. 어떤 상황에서든 은혜를 담아내시는 하나님의 구체적 일하심이 우리 모두에게 있습니다. 각자가 처한 한계나 조건에 상관없이 하나님은 우리 모두의 삶에서 진정한 정체성과 고귀한 가치를 만들어 내십니다. 우리는 기도에 이런 우리의 삶을 모두 담아 이 일의 증인이 되는 것입니다.

깊음의 자리로
나아가는 기도

이런 맥락에서 응답받지 못한 기도의 유익을 생각해 볼 수 있을 것입니다. 우리 생각에는 하나님이 반드시 들어주셔야만 할 것 같은 기도 제목인데도 들어주시지 않는 경우가 많습니다. 그렇다면 응답받지 못한 기도에는 어떤 이로움이 있을까요.

욥을 떠올려 봅시다. 욥이 처음에 하나님에게 부르짖은 기도는 응답되지 않았습니다. 그런데 응답되지 않았기에 욥은 그다음 단계로 나아가게 됩니다. 욥이 생각하기에는 기도가 응답되지 않아 지금의 자리마저 보전하지 못하고 아래로 더 떨어지는 것 같았겠지만 실상은 그렇지 않았습니다. 첫 단계에서 답이 주어지지 않았기에 그다음 단계로 나아갈 수 있게 된 것입니다. 물론 기도하는 사람 편에서 보면 자신이 어디로 가고 있는지 알기 어려웠을 테지만 말입니다.

어떤 문제를 해결해 달라고 간절히 빌어 마침내 응답받게 되면, 그 단계에서의 신앙 이해는 풍성할 것입니다. 그러나 거기서 얻은 이해가 아무리 풍성하더라도 그 이후에 펼쳐질 정경에 대해서는 그려 볼 수 없을 것입니다. 그다음 정경은 그다음 단계에 가야 비로소 볼 수 있습니다.

대개 큰 건물을 보면 일 층이 높습니다. 일 층에 근사한 로비를 꾸미느라 천장이 높습니다. 하지만 일 층을 아무리 높고 멋지게 꾸민다고 해도 일 층은 일 층일 뿐입니다. 천장을 높여 위 공간을 늘려도 그 늘어난 공간에 더 많은 사람을 들일 수는 없습니다. 사람이 들어갈 수 있는 바닥이 늘어나지는 않기 때문입니다. 천장이 낮아도 이 층이면 훨씬 더 많은 사람이 들어갈 수 있습니다.

기도 응답을 많이 받아서 '응답'에 대한 이해가 풍성해진 것을 이 비유로 이해해 볼 수 있습니다. 기도 응답의 사례가 풍성해지는 것은 일 층의 천장이 높아지는 것과 같습니다. 그래도 일 층은 여전히 일 층일 뿐입니다. 하나님이 기도에 응답하셔서 일 층의 천장을 높여 주시기도 합니다. 하지만 답을 주시지 않고 우리를 이 층으로 끌어올리고 싶어 하실 때도 많습니다. 그다음 단계로 함께 가자고 하시는 것입니다.

아직까지 한국 교회는 일 층의 천장을 높이고 장식하는 데에 집중하는 것처럼 보입니다. 신앙의 순도純度만을 강조하며 일 층의 천장만 높이느라 더 풍성한 신앙의 모험을 쌓아 가는 일은 외면해 왔습니다. 그래서 신앙의 경험이 누적되지 못했습니다.

기도도 마찬가지입니다. 기도 응답의 비결에만 관심을 두며 치열하게 매달리라는 강조는 마치 일 층의 천장만 한없이 높이려는 것과 같습니다. 그러나 이 층, 삼 층으로 신앙의 경험이 다양하게 쌓여야 쓰임새 있는 건물이 세워질 수 있습니다. 더 많은 사람을 수용할 수 있고 더 멋진 공간으로 활용할 수 있습니다. 응답받지 못한 기도에 주목해야 할 이유입니다.

일 층만 확장하는 작업을 넘어 여러 층을 쌓아 가는 작업으로 나아가게 되면 우리의 기도에는 어떤 변화가 생길까요. 생애의 정황마다 하나님과 함께하는 경험과 추억을 쌓게 됩니다. 하나님의 일하심의 다양한 면모를 풍성하고 밀도 높게 이해하게 됩니다.

응답받은 기도만이 참다운 기도라면, 우리 인생의 많은 부분은 기도에 담기지 못할 것입니다. 하나님의 응답을 경험할 수 없었던 나날도 하나님의 품 안에 있는 나날입니다. 그 시간도 하나님이 다스리시며 인도하시는 시간입니다. 응답받지 못한 기도를 통해 우리는 이 모든 시간이 하나님 안에 있음을 깨닫게 됩니다. 그리고 이 일을 통해 하나님은 우리가 생각할 수 없었던 더 깊은 자리로 우리의 인생을 펼쳐 가십니다.

이렇게 펼쳐지는 하나님의 일하심에 참여할 때 우리에게 필요한 것이 믿음입니다. 그래서 결국 기도는 마지막에 이르면 믿음에 묶입니다. 믿음이란 하나님을 신뢰하는 것입니다. 내 이해와 한계 너머에 있는 하나님의 능력, 하나님의 성실하심, 하나님의 영광 앞에 내 인생을 내어놓는 것입니다. 기도를 통해 우리는 그런 단어들로 채워진 방에 이르게 됩니다. 그것은 우리의 생각 너머에 있는 공간입니다. 기도를 통해 나도 모르게 내 인생에 이런 공간을 가지게 됩니다. 기도의 재미가 여기에 있습니다.

어떤 날은 기도하면서 처음 시작할 때의 의도와는 전혀 다른 길로 나아가기도 합니다. 생각하지도 않았던 곳을 이리저리 헤매다가 이상한 데에서 기도를 마칠 때가 있습니다. 이런 기도야말로 기도다운 기도라고 할 수 있습니다. 내 논리로 하나님을 강요하고 설득하는 데에 머무르지 않았기 때문입니다. 오히려 하나님과 함께 손을 잡고 한 번도 가 본 적 없는 어딘가를 구경한 것 같은 신비한 경험을 하게 됩니다.

여전히 일하시는
하나님

때로 하나님은 현실의 문제는 해결해 주시지 않은 채로 우리에게 답을 주십니다. 우리가 문제라고 여기는 현실을 꺾으시거나 제거하시지 않고 이런 일을 하십니다. 기도를 통하여 현실을 이길 능력을 우리가 갖추게 되지도 못한 채 오히려 현실에 잡아먹혀 삼켜진 것 같은 상황에 처하기도 합니다. 그런데 거기서 하나님이 답을 주시는 일이 벌어집니다.

땅에 씨를 심어 그 씨가 자라면 땅의 정체가 바뀝니다. 땅에 꽃씨를 심어 꽃이 피면 그 땅을 '꽃이 핀 밭'이라고 부르지 않고 그냥 '꽃밭'이라고 부릅니다. 땅이 전부 그 꽃씨를 키워 꽃을 피우느라 땅이 꽃이 된 것입니다. 땅 전체가 꽃, 꽃밭인 것입니다.

그런데 우리는 꽃씨가 심기면 땅이 그 꽃씨를 삼켜 버렸다고만 생각합니다. 기도 응답을 받지 못한 일이 그와 같습니다. 기도했는데 응답받지 못하면 그 기도는 현실에 삼켜진 것처럼 보입니다. 하지만 나중에 보면 응답받지 못한 기도가 현실을 다 끌어안아서 현실이 꽃밭이 됩니다.

기도는 특정한 문제에 대해 해결을 요구하는 정도의 행위가 아닙니다. 기도는 하나님에게 감화를 받아 더 나은 존재로 변화되는 일입니다. 이 일에 내 뜻대로 되지 않는 현실이 굉장히 큰 몫을 합니다.

우리는 기도한 대로 현실이 달라지지 않으면 하나님, 이게 뭡니까, 내가 무슨 잘못을 했습니까, 하고 묻습니다. 하나님에게 질문을 던지고, 타협안도 제시하고, 그렇게 해도 결국 뜻대로 안 되면 낙심해 버립니다. 그런데 이런 일들이 우리를 어떤 지점으로 나아가게 합니다. 심지어 이제 다시는 기도하지 않겠다고 하는 체념마저도 하나님이 사용하셔서 일을 이루십니다.

하나님이 철저히 침묵하시는 것 같은 최악의 상황에서도 여전히 일하고 계심을 알 수 있는 대표적인 것이 순교입니다. 순교는 인간이 아무것도 할 수 없는 자리까지 밀려가도, 아무 응답이 없는 상황에서도 하나님이 일하신다는 것을 보여 줍니다. 죽어서 없어지는 것 같은 상황인데, 거기서 복음의 살아 있음이 드러납니다. 그런 식으로도 기독교는 면면히 이어져 온 것입니다. 하나님의 창조가 여기서 확인됩니다. 이 창조의 능력이 기독교를 그 모든 박해와 타락 속에서도 지금까지 지속하게 하는 것입니다.

하나님은 당신이 창조하신 세계가 죄로 오염되는 일이 일어났어도 창조를 포기하시지 않았습니다. 그래서 구원이 펼쳐진 것입니다. 하나님의 바깥에서 일어나는 일이란 없습니다. 땅이 씨를 삼켜 버려 이제는 끝난 것 같은 현실이 지금도 우리의 삶에서 계속되고 있습니다. 그러나 하나님은 이런 현실을 그대로 두십니다. 그리고 시대마다 그 시대를 살아가는 사람들에게 물으십니다. 사람들이 좇고 있는 대안과 하나님이 선포하시는 복음을 비교해 보라고 말입니다.

그러니 우리에게 도전해 오는 삶의 온갖 문제는 땅이라고 할 수 있습니다. 하나님이 거기에 꽃씨를 심어 꽃을 피우십니다. 세상이 만드는 답과 하나님이 만드는 답이 다르다는 것을 그렇게 보여 주십니다. 어느 땅에서든지 창조의 능력을 보이십니다.

응답되지 않은 기도를 거쳐 우리는 오히려 하나님을 만나게 됩니다. 사람들은 절망의 자리라서 피하고 싶어 하는 그곳에서 하나님이 우리를 만나십니다. 만들어 낼 수도, 찾아낼 수도 없던 하나님이 거기에서 우리를 만나 주십니다. 우리가 하나님과 만났다면 그것을 증명해 줄 극적인 증거의 유무는 그리 중요하지 않습니다. 하나님을 만난 경험이 얼마나 강렬한지도 그다지 중요하지 않습니다. 하나님을 만났다는 사실 말고는 그 어느 것도 소품에 불과합니다.

그러니 따지고 보면 우리의 인생은 어떤 조건에 처하더라도 상관없습니다. 아무리 좋은 조건도 유달리 유익한 것이 아니고 아무리 나쁜 조건도 방해가 될 수 없습니다. 하나님과의 만남, 여기에 우리 삶의 성패가 달려 있는 것입니다. 하나님에게서가 아니면 어디에서도 우리의 존재 가치가 생겨날 수 없기 때문입니다.

하나님은 일하고 계십니다. 우리의 기도에 응답하시는 날만 일하고 계시는 것이 아니라 응답하시지 않는 나날에도 여전히 일하고 계십니다. 우리가 드린 기도의 열매가 우리 생애 속에 다 확인되지 않으면 우리는 낙심하지만, 현실이 우리를 삼켜 버린 것으로 끝일 수 없습니다. 우리의 남루한 현실을 꽃밭으로 일구시는 하나님의 큰 일하심 속에 우리가 있다는 사실을 기억하기 바랍니다. 이런 믿음으로 오늘도 더 깊은 기도의 자리로 힘차게 나아가는 은혜가 있기 바랍니다.

질문

1. 기도에 전제된 신자의 지위는 무엇입니까?

2. 욥은 기도가 응답되지 않아 어디에 이르렀습니까?

3. 응답되지 않는 기도는 땅이 삼켜 버린 꽃씨와 같다고 비유하였습니다. 땅에서 일어나는 변화를 설명해 봅시다.

적용

1. 기도가 응답되지 않았던 시간을 거쳐 현실이 꽃밭이 된 경험이 있다면 나누어 봅시다.

2. 이번 공부를 통하여 각자의 기도 생활에 바뀐 점이 있다면 나누어 봅시다.

성구
색인